Aurélie Le Marec

Furoshiki

1 Tuch - 43 Taschen & Verpackungen

Bassermann

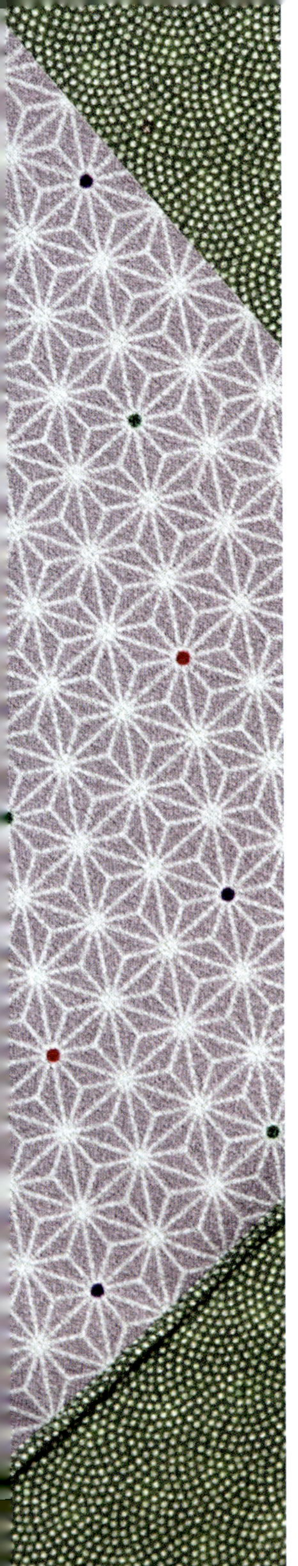

ISBN 978-3-8094-4170-0

4. Auflage 2023

Die Originalausgabe erschien auf Französisch bei Éditions Un Dimanche Après Midi unter dem Titel *Furoshiki – l'art e'amballer avec du tissu*

Fotos: Virginie Devaux; S. 21 links, 49, 50: Yann Chemineau

Projektleitung dieser Ausgabe und Übersetzung: Dr. Iris Hahner
Umschlaggestaltung: Atelier Versen, Bad Aibling
Satz: Nadine Thiel, kreativsatz
Herstellung: Elke Cramer

Druck und Bindung: PBtisk a.s., Pribram

Printed in Czech Republic

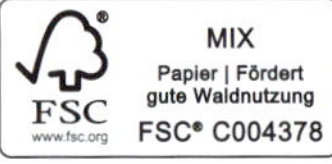

Penguin Random House Verlagsgruppe FSC® N001967

Inhalt

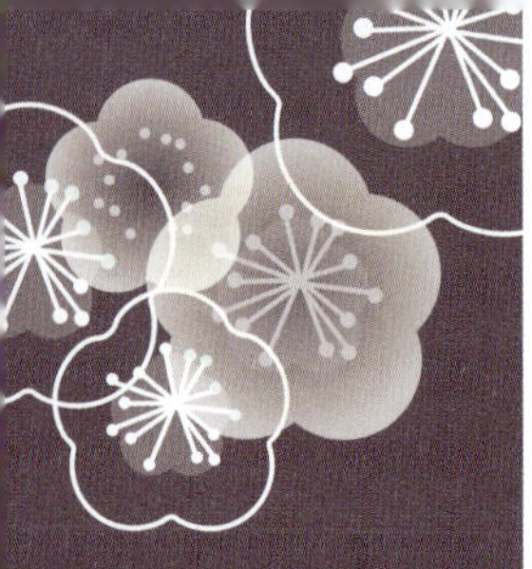

Furoshiki – was ist das?

Eine Technik mit Tradition

Furoshiki bezeichnet die japanische Technik, Stoff auf eine bestimmte Art und Weise zu wickeln und zu knoten, um damit Geschenke zu verpacken oder Gegenstände zu transportieren. *Furoshiki* heißt aber auch das quadratische Tuch, das für diese Technik verwendet wird, die bei uns als Knoten-Wrap bekannt ist.

Unter der Bezeichnung *tsutsumi* („Verpackung") tauchte sie erstmals in der Nara-Zeit (710–794) auf. In dieser Epoche wurde das Tuch verwendet, um Wertgegenstände zu schützen. Reste solcher Tücher wurden auch in der königlichen Schatzkammer Shoso-in im Todiai-ji-Tempel in Nara gefunden.

In der Heian-Zeit (794–1185) diente das Tuch in erster Linie dazu, Kleidung zu verstauen, und war als *koromozutsumi* („Verpackung von Kleidung") bekannt.

Die Technik entwickelte sich in der Kamakura-Epoche (1185–1333) unter dem Begriff *hirazutsumi* („flaches Paket") weiter.

Schließlich kam in der Muromachi-Zeit (1333–1573) die Bezeichnung *furoshiki* („im Bad ausbreiten") auf. Viele Würdenträger, die vom Shogun Ashikaga Yoshimitsu nach Kyôto in die großen Bäder seiner Residenz eingeladen wurden, benutzten Tücher mit ihrem Familienwappen, um ihre Kleidung und persönlichen Gegenstände zu verstauen.

Der Begriff *furoshiki* setzte sich in der Edo-Zeit (1603–1868) allgemein durch und hat sich bis heute erhalten. Die Verwendung der Tücher für Transportzwecke oder um sich nach dem Badbesuch abzutrocknen wurde vor allem dadurch weiter verbreitet, dass Bäder öffentlich zugänglich und letztendlich zum Inbegriff japanischer Kultur wurden.

Über die Jahrhunderte bewährten sich die *furoshiki* auf Reisen und wurden nach und nach auch in den Alltag integriert. So erwiesen sie sich auf Pilgerreisen als besonders nützlich, aber auch in Kriegszeiten, wenn man sich und seine Habseligkeiten in Sicherheit bringen musste. Auch Kaufleute trugen zur Verbreitung der *furoshiki* bei. Sie verwendeten sie nicht nur, um ihre Waren zu transportieren, sondern auch als Werbemittel, indem sie mit ihrem Namen bedruckte Tücher an Kunden verschenkten.

Allerdings wurden die *furoshiki* im Zuge der Industrialisierung nach dem Zweiten Weltkrieg nach und nach, wenn auch nicht vollständig, von Plastiktüten verdrängt.

Seit Beginn der 2000er Jahre zeichnet sich ein Revival der Knoten- und Wickeltechnik ab, das von der ehemaligen Ministerin für Umwelt, Yuriko Koike, mit Nachdruck vorangetrieben wurde. Inzwischen bringen junge Designer Tücher mit modernen Mustern auf den Markt und begeistern damit insbesondere junge Menschen, nicht nur in Japan, sondern zunehmend auch auf der ganzen Welt.

Umweltbewusstes Handeln im Alltag

In Japan ist *furoshiki* zu einem Symbol für *mottainai* geworden, dem japanischen Konzept, nichts zu verschwenden, es steht also für Nachhaltigkeit, Wiederverwendung und Recycling.

Auch in Deutschland, Österreich und der Schweiz hat sich in den letzten zwei Jahrzehnten die Zero-Waste-Bewegung verbreitet. Ihr Ziel ist, unser exzessives Konsumverhalten zu zügeln und Müll, insbesondere Plastiktüten und Papierverpackungen, zu vermeiden.

500 Milliarden Plastiktüten werden weltweit jedes Jahr produziert. Die EU bemüht sich um eine einheitliche Regelung zum Verbot von Plastiktüten; Österreich hat ein entsprechendes Gesetz für 2020 angekündigt. In Deutschland sind erste Gesetzesinitiativen auf den Weg gebracht; in der Schweiz wird über ein Verbot diskutiert. Immerhin sind seit 2016 Plastikeinkaufstüten mit Gebühren belegt, was zu einem starken Rückgang des Verbrauchs geführt hat.

Weltweit ist das Verbot von Plastiktüten weiter fortgeschritten: Bangladesch, Ruanda und Südafrika waren die ersten Staaten, die entsprechende Gesetze erließen, es folgten Belgien, Frankreich, Italien, Marokko, Mauretanien und viele andere Länder. Selbst China, einer der größten Produzenten von Plastiktüten, hat die kostenlose Ausgabe in Supermärkten untersagt.

Furoshiki sind ein gutes Mittel im Kampf gegen die Verwendung von Plastiktüten, die nicht nur zur Umweltverschmutzung beitragen und für Mensch und Natur schädliche toxische Substanzen freisetzen, sondern die auch den Tod unzähliger Tiere verschulden.

Außerdem ersetzt ein Furoshiki Unmengen von Geschenkpapier, das häufig aufgrund der chemischen Behandlung nicht recycelbar ist. Die wiederverwendbare Verpackung kann weitergegeben werden und setzt so eine fortlaufende Recycling-Kette in Gang.

Darüber hinaus können ausgediente Textilien wie z. B. Schals, Servietten oder Stoffreste verwertet werden, indem man sie in Furoshiki-Tücher verwandelt. Und schließlich, am Ende eines langen Lebens, kann ein Furoshiki recycelt werden. Man kann es als Spüllappen verwenden oder in eine Recyclingstelle geben, die gebrauchte Textilien zu Isolationsmaterial oder Ähnlichem verarbeitet.

Das vielseitige Furoshiki lässt sich für unterschiedlichste Funktionen und unzählige Gegenstände verwenden, die damit transportiert oder verpackt werden können. Dabei ist es viel eleganter und persönlicher als alle Tüten und Geschenkverpackungen und kann Klein und Groß im Alltag lange Zeit begleiten.

Die Kunst zu schenken

In Japan bedeutet ein Geschenk zu überreichen mehr als eine höfliche Geste. Mit ihm verknüpft ist vielmehr eine symbolische und traditionelle Zeremonie. Ziemlich schnell erkennt man, wie ein Geschenk zu überreichen ist: Schon die kleinen Japaner lernen, das Geschenk vor der Brust zu halten, um dessen Wert zu bekunden, egal wie viel es tatsächlich kostete. Aber ein Geschenk besteht nicht nur aus dem verpackten Gegenstand, sondern auch aus der Verpackung und der Art und Weise, wie es überreicht wird.

Wenn ein Geschenk in ein Furoshiki gehüllt ist, dann verlangt es der Brauch, dass der Schenkende selbst das Geschenk vor dem Beschenkten auspackt, das Tuch behält und danach das Geschenk überreicht. Wird hingegen das Geschenk verpackt übergeben, dann wird vom Beschenkten erwartet, dass er seinerseits ein Geschenk zurückgibt, das in dasselbe Tuch gehüllt ist.

Aussprache und Transkription japanischer Zeichen in lateinischer Schrift (rômaji)

r spricht man aus wie «l»
j spricht man aus wie «dsch»
g spricht man aus wie «gu»
ch spricht man aus wie «tsch»
sh spricht man aus wie «sch»
hy spricht man aus wie «ch»

Ein Akzent zirkumflex (^) zeigt einen langgezogenen Vokal an.

Bei den traditionellen Trage- und Verpackungsmethoden sind die japanischen Bezeichnungen genannt (*yotsu-musubi*, *suika-tsutsumi*, *otsukai-tsutsumi* u. ä.); im Zuge des *furoshiki*-Revivals und damit verbunden der Entwicklung neuer Verwendungsmöglichkeiten sind Anglizismen bei der Benennung eingeflossen, die im täglichen Leben gebräuchlich sind, so z. B. bei *bîchi-baggu* – beach bag oder *hando-baggu* – hand bag.

Die Autorin hat sich entschlossen, Bindestriche bei den japanischen Bezeichnungen zu verwenden, um die Lesbarkeit zu erleichtern.

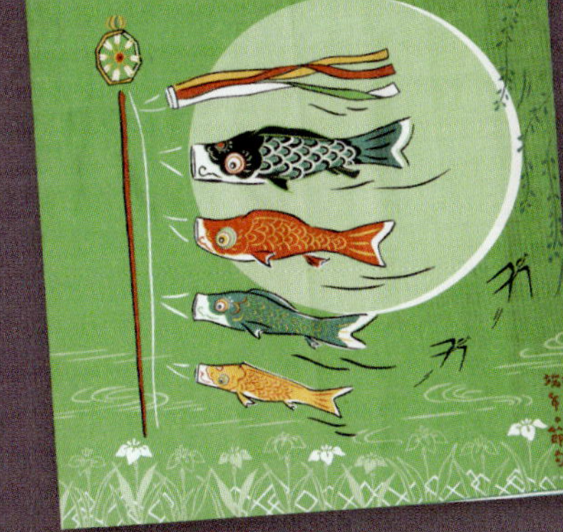

Furoshiki – ein Quadrat mit tausend Möglichkeiten

Die Größen

Das traditionelle Furoshiki ist etwas länglich, doch heute sind die Tücher überwiegend quadratisch und damit besser für die industrielle Produktion geeignet. Im Folgenden wird immer von einem quadratischen Format ausgegangen.

Verwendet werden Tücher in folgenden Größen:
45 cm Seitenlänge: um Geldgeschenke für Feste oder Trauerfeierlichkeiten einzupacken.
50/52 cm Seitenlänge: um eine Bento-Box zu tragen oder kleine Geschenke zu verpacken.
68/70/75 cm Seitenlänge: vielseitig und bestens geeignet, um Geschenke zu verpacken.
90 cm Seitenlänge: ideal für Getränke- oder Büchertaschen oder für eine kleine Einkaufstasche.
105/118 cm Seitenlänge: am vielseitigsten, um verschiedene Taschen für die ganze Familie herzustellen (Einkaufstaschen, Rucksäcke, Handtaschen usw.).
128/140 cm Seitenlänge: um Kleidung zu verpacken und zu verstauen; auch geeignet für eine große Einkaufstasche oder einen Picknick-Korb, der in eine Picknick-Decke verwandelt werden kann.
150 cm Seitenlänge: um große und sperrige Objekte zu verpacken und zu transportieren.
175/195/230 cm Seitenlänge: um Futons oder Decken zu transportieren und zu verstauen.

Die oben genannten Größen sind nur Richtwerte. Sie dienen lediglich als Orientierung für den Verwendungszweck. Wenn Sie selbst ein Furoshiki anfertigen wollen oder wenn Sie ein fertiges quadratisches Tuch verwenden, können Sie die Größen als Anhaltspunkt nehmen. Zum Beispiel lässt sich ein Tuch mit 85 cm Seitenlänge problemlos für Taschen oder Hüllen verwenden, bei denen ein Tuch mit 90 cm Seitenlänge vorgesehen ist.

Für den Anfang reichen zwei Tücher in unterschiedlichen Größen aus: 105 cm für Transportzwecke und 70 cm als Verpackung. Diese beiden Größen sind am gängigsten und man kann damit die *furoshiki*-Technik gut üben.

Material der Tücher

Früher verwendete man einen dichten Baumwollstoff für Furoshiki, die für den Transport vorgesehen waren, und feine, erlesene Seide, um Geschenke zu verpacken. Seide ist nach wie vor beliebt, aber inzwischen wird auch synthetisches Material akzeptiert, das weniger kostspielig ist. Chirimen, ein japanischer Crêpestoff aus Seide, Rayonne oder Polyester ist einfarbig oder gemustert erhältlich und verleiht als Verpackungsmaterial Geschenken eine raffinierte und elegante Note.
Japanische Stoffe sind meist von sehr guter Qualität und in vielen Mustern erhältlich. Das Furoshiki lässt sich aber leicht an andere Moden, Vorlieben und Funktionen anpassen. Denn heutzutage ergeben sich durch die Vielfalt an Materialien unzählige Variationsmöglichkeiten. So kann man afrikanische Doubleface-Stoffe aus Baumwolle verwenden, Leinen oder synthetisches Material (z. B. Polyestersatin für eine leichte Tasche) oder sogar Jeansstoff. Um Geschenke zu verpacken, eignen sich auch Voile, Satin oder Leinen.
Doch man kann auch ökologisch bewusst handeln und recycelte oder Fair-Trade-Materialien verwenden oder vorhandene Textilien zweckentfremden (quadratische Kopftücher und Schals, Bandanas, Pareos, Servietten, Laken usw.).
Wer mag, kann sein Furoshiki mit Stickereien, Perlen, Glitzersteinen, Pompons usw. individuell gestalten. Der Fantasie sind dabei keine Grenzen gesetzt.

Farben und Motive

In Japan hängt die Wahl des Furoshiki vom Geschenk ab. Der Anlass, die Jahreszeit und die Person, die man beschenkt, bestimmen das Motiv, die Farbe und das Material des Tuches.

Die Farbsymbolik spielt eine wichtige Rolle. Niemals würde man für eine Hochzeit oder eine Trauerfeier zur selben Farbe greifen. Für glückliche Ereignisse bevorzugt man Rot, Hellgrün, Hellblau oder Gold.
Bei traurigen Ereignissen werden klare und helle Farben vermieden. Stattdessen werden gedeckte Farben verwendet wie Dunkelblau oder Dunkelgrün. Violett gilt als edle Farbe und Symbol eines langen Lebens und kann für alle Gelegenheiten verwendet werden.

Die Furoshiki-Tücher sind mit unterschiedlichsten traditionellen Motiven geschmückt, die man auch auf japanischen Textilien, z. B. auf Kimonos, oder auf Lackobjekten, Keramik und anderen künstlerischen Gegenständen findet.
Motive aus dem Pflanzenreich gehören zu den häufigsten Dekors. Die Kirschblüte *sakura* wird vor allem im Frühling geschätzt, das Ahornblatt *momiji* im Herbst. Die Pflaumenblüte *ume* findet man häufig zusammen mit Kiefernnadeln *matsu* oder Bambus *take*, die alle als gutes Omen gelten, oder kombiniert mit dem Wellenmotiv *seigaiha*. Sehr beliebt ist auch das Rankenmotiv *karakusa* auf grünem Fond, dem Zeichen für Glück und Wohlstand. Es steht mit der Chrysantheme *kiku*, dem imperialen Symbol für Verjüngung und langes Leben, in Verbindung, aber auch mit der Pfingstrose *botan*, die für Ehre und Mut steht.
Motive aus dem Tierreich, die als gute Vorzeichen gelten, werden ebenfalls häufig verwendet.
Der Hase *usagi*, Symbol für langes Leben und Glücksbringer, wird mit dem Vollmond und den Herbstpflanzen assoziiert. Nach der japanischen Mythologie lebt der Hase auf dem Mond. Dort kann man ihn sehen, wie er in einem Mörser Reis zu Mehl *mochi* stampft. Daher ist er auch eng mit dem Tsukimi-Fest verbunden, das

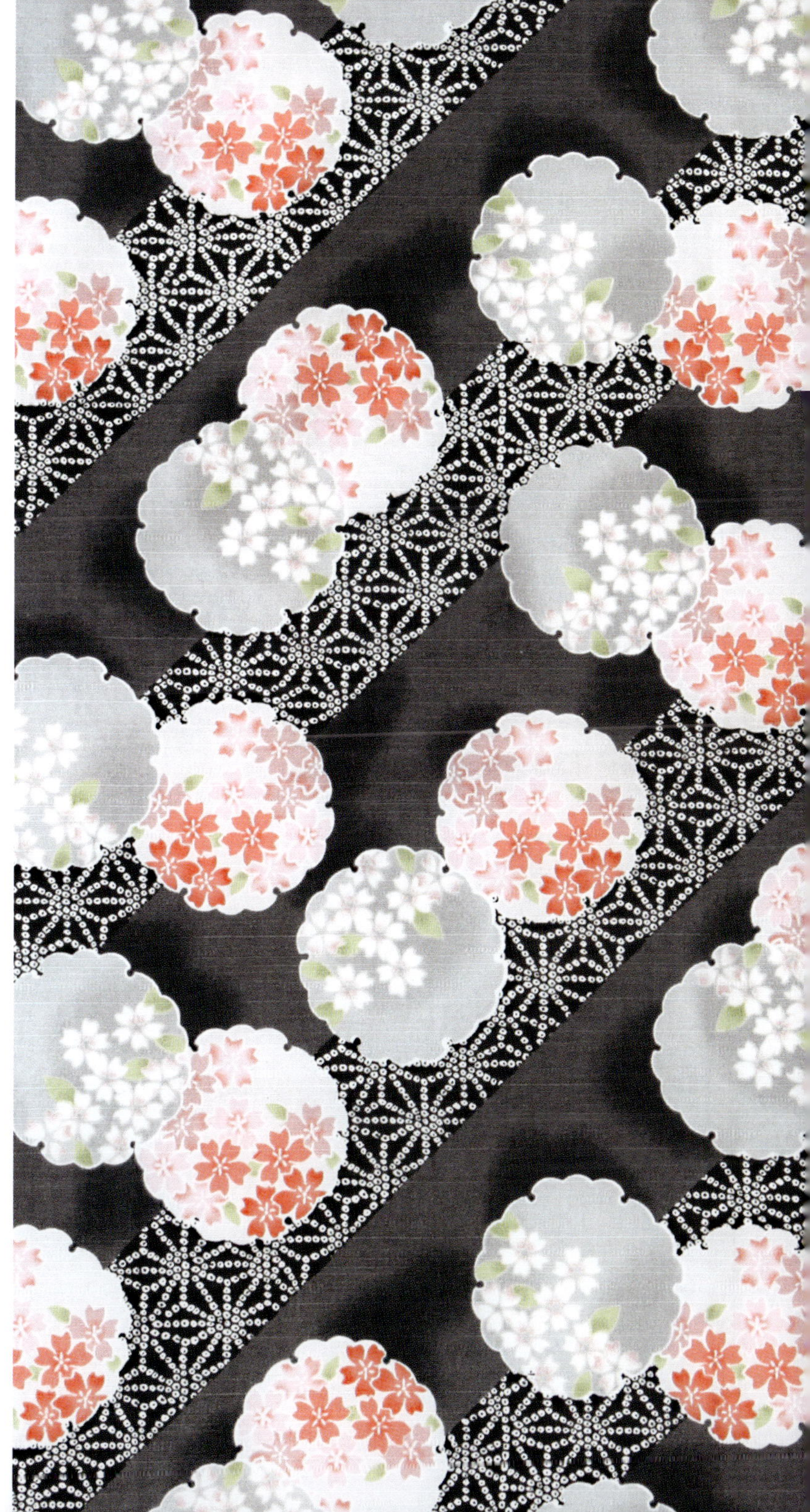

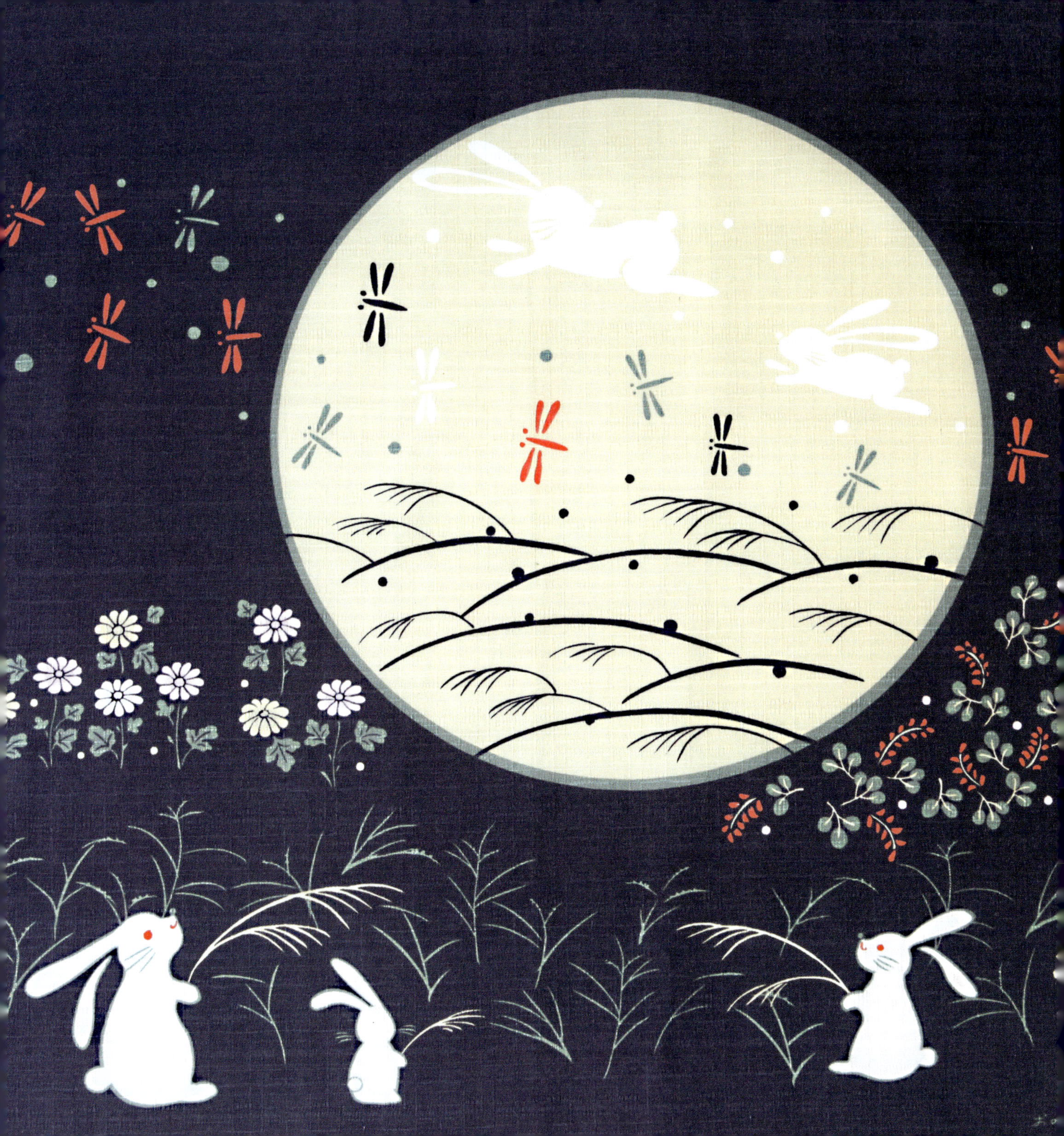

man in den Familien zu Vollmond im Herbst, am 15. Tag des achten Monats im Mondkalender feiert (im September oder Oktober). Zum Essen werden bei dieser Feier Klöße aus Reismehl *dango mochi* und Früchte der Saison gereicht.
Der Kranich *tsuru*, Symbol für langes Leben, unendliche Liebe und gute Neuigkeiten, begleitet die Schildkröte *kame* und die drei „Freunde im Winter", Kiefer, Bambus und Pflaume. Das Vogelmotiv wird gerne bei Geburtstagen oder Hochzeiten eingesetzt, ebenso wie die Muschel *kai-awase*, Symbol der ehelichen Treue.
Häufige Motive sind auch die Libelle *tonbo*, Symbol für Kraft und Erfolg, die Glückskatze *maneki-neko* und der Karpfen *koi*, der wegen seiner Stärke und Ausdauer geschätzt wird und in dessen Zeichen das Kinderfest Koi Nobori am 5. Mai steht.

Neben den Motiven aus der Natur sind auch geometrische Muster verbreitet. Am bekanntesten ist das Hanfblatt *asa-no-ha*, das auf den Doubleface-Furoshiki oft mit dem Haifischhaut-Motiv *samekomon* kombiniert ist. Beliebt ist auch das Schachbrett *ichimatsu*, das auf einen berühmten Kabuki-Schauspieler der Edo-Zeit zurückgeführt wird, und das Dreieck *uroko*, eine stilisierte Fischschuppe.
Viele Furoshiki-Tücher sind mit Familienwappen *kamon* geschmückt, ein Brauch, der in der Edo-Zeit aufkam, insbesondere im Kontext von Hochzeiten in adligen Familien.

Neben vielen weiteren traditionellen Motiven gibt es heute auch Muster, die von anderen Kulturen beeinflusst sind oder von jungen japanischen Designern entworfen werden. Im alltäglichen Gebrauch hat sich das Furoshiki inzwischen der aktuellen Mode und dem individuellen Geschmack angepasst.

Furoshiki weltweit

Kleidung, Rucksäcke, Babytragetücher, Transportmittel für Waren – ein Stück Stoff mit Knoten in Form zu bringen ist seit Langem auf der ganzen Welt verbreitet und wird selbst in unserer industriellen Gesellschaft praktiziert. Haben Sie nicht auch einmal einen Kuchen in einem Geschirrtuch transportiert oder ein Baby in einem Tragetuch getragen? In Japan hat sich daraus eine durchdachte und ausgereifte Technik entwickelt, die ästhetische und praktische Prinzipien in Einklang gebracht hat und die unabhängig vom kulturellen Hintergrund jeden anspricht.

Furoshiki selbstgemacht

Um ein Furoshiki anzufertigen, schneiden Sie ein Quadrat in der gewünschten Größe plus einen Zentimeter Nahtzugabe an jeder Seite zu.
Es gibt mehrere Möglichkeiten, die Kanten zu versäubern:

- Säumen Sie die Kanten mit kleinen Überwendlingsstichen von Hand. Das dauert zwar etwas länger, hinterlässt aber keine sichtbaren Stiche auf dem Stoff.
- Schneller geht es mit der Nähmaschine: Zunächst an allen vier Kanten den Saum 0,5 cm umschlagen, danach nochmals 0,5 cm umschlagen, dabei die Bruchlinien jeweils bügeln. Zum Schluss den Saum mit dem Steppstich fixieren.
- Noch schneller sind Sie fertig, wenn Sie den Stoff mit einer Zackenschere zuschneiden. Achten Sie aber auf das Material, denn die Kanten können ausfransen.
- Verwenden Sie ein bereits gesäumtes quadratisches Tuch – ideal, wenn man kein Nähzeug im Haus hat.

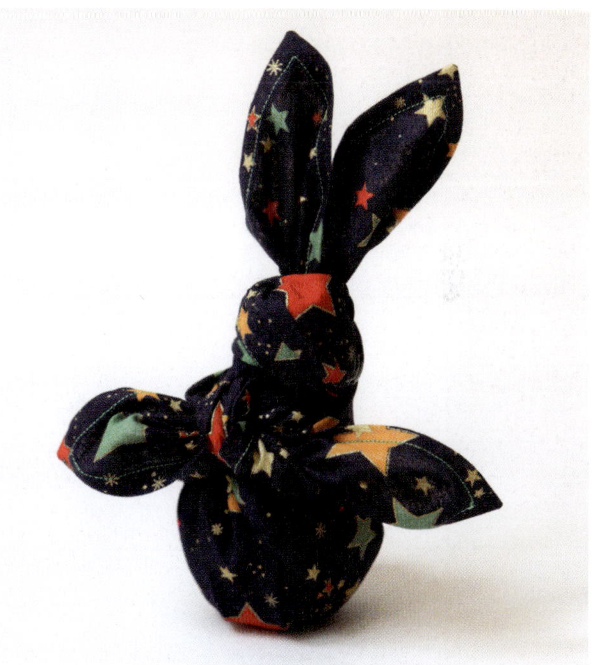

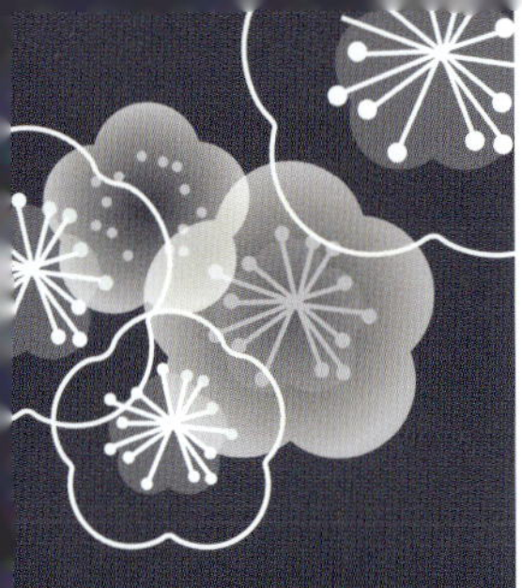

Die Knoten

Die Grundknoten

Um die Stabilität eines Furoshiki zu gewährleisten, vor allem wenn es sich um eine Einkaufstasche, eine Tasche zum Transport von Flaschen oder eine Handtasche handelt, muss man zwei Knoten beherrschen: den einfachen Knoten und den flachen Knoten.

Einfacher Knoten: *hitotsu-musubi*

1. Das Ende eines Zipfels mit einer Hand greifen, den Stoff mit der anderen Hand umfassen und ausgehend von diesem Punkt nach unten streifen.
2. Mit dem Zipfel eine Schlaufe bilden.
3. Die Zipfelspitze von hinten durch die Schlaufe führen.
4. Den Knoten festziehen.

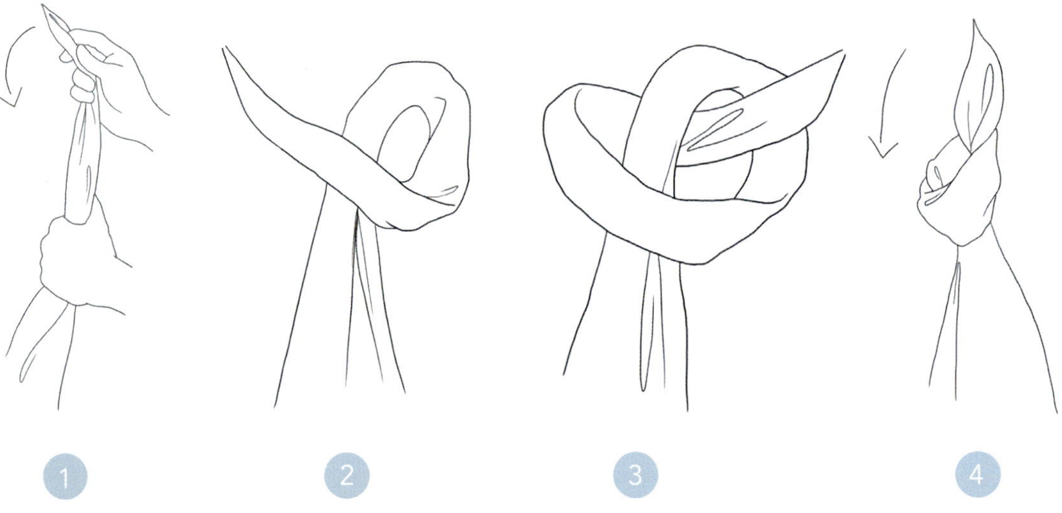

Kreuzknoten: ma-musubi

1. **a** über **b** legen.
2. **a** um **b** schlingen.
3. **a** vor **b** kreuzen.
4. **a** um **b** legen und die Spitze durch die Schlaufe zur anderen Seite ziehen. Den Knoten anziehen.

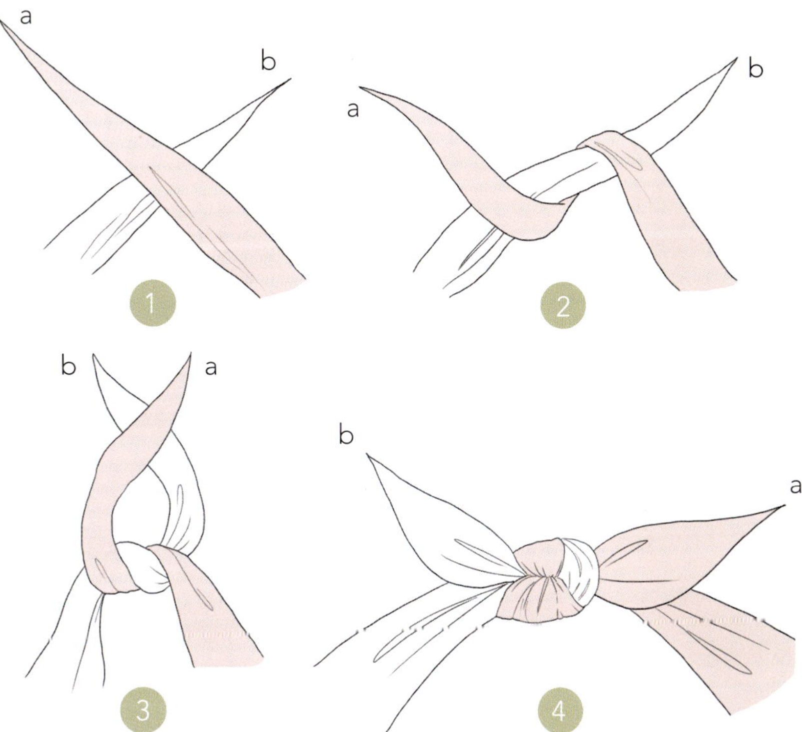

Einen Kreuzknoten auflösen

1. Zipfel **b** straff nach rechts ziehen.
2. Die Knoten von **a** weg nach rechts schieben.
3. **b** herausziehen.

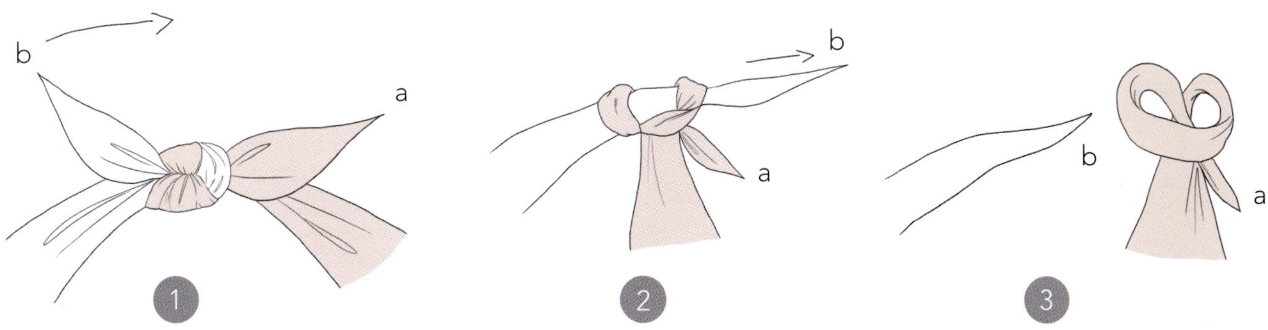

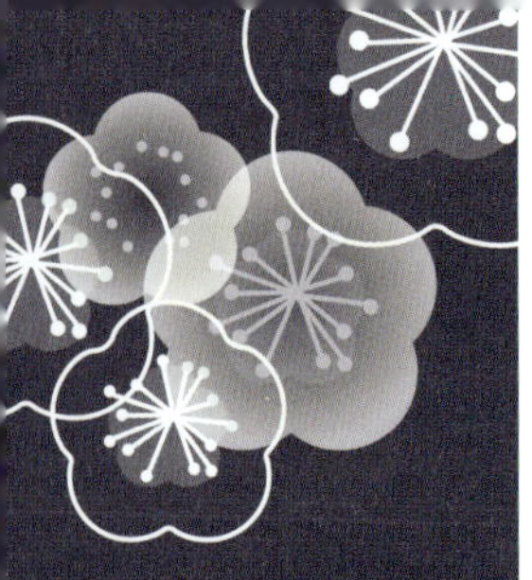

Gezwirbelte Taschenhenkel: tesage

1. **a** über **b** legen.
2. **a** um **b** schlingen und die Enden anziehen.
3. **a** und **b** zwirbeln (nach Wunsch).
4. **a** und **b** zu einem Kreuzknoten binden.
5. Um den Beutel zu öffnen, **a** und **b** am unteren Knoten auseinanderziehen. Links und rechts vom Knoten werden zwei Öffnungen sichtbar.
6. Um den Beutel zu schließen, an beiden Henkelseiten ziehen, bis sich die Öffnungen geschlossen haben.

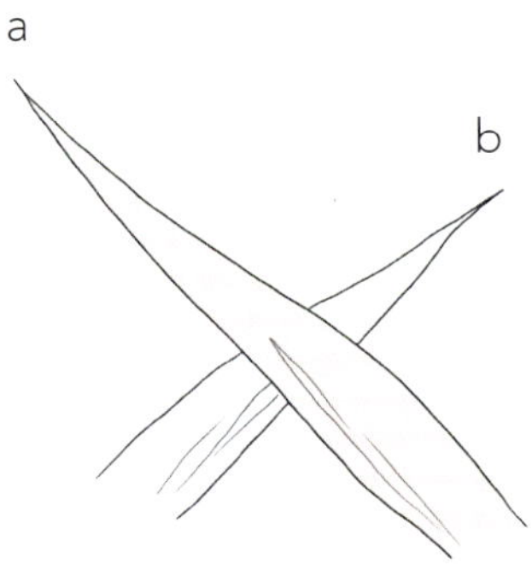

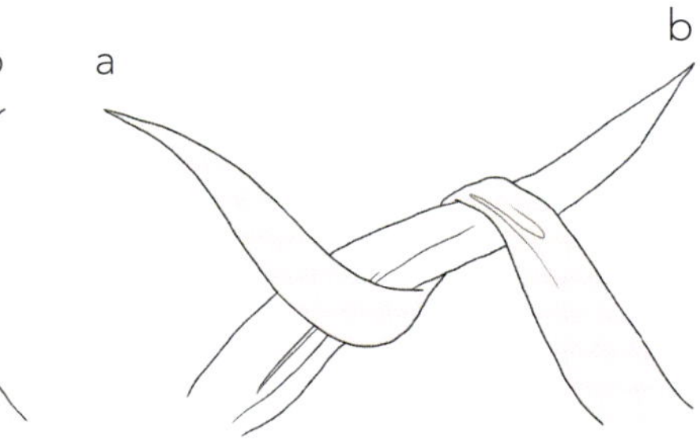

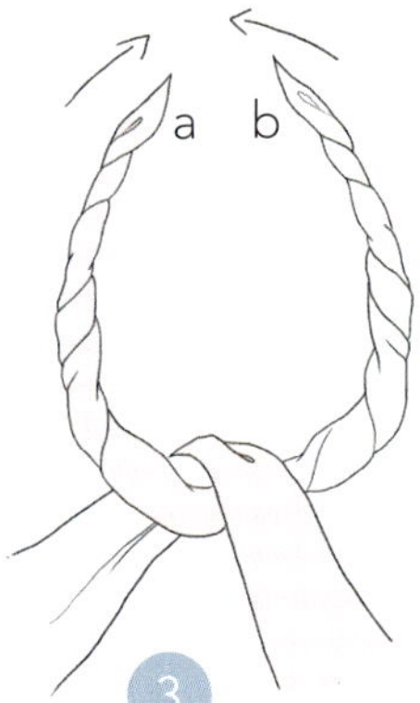

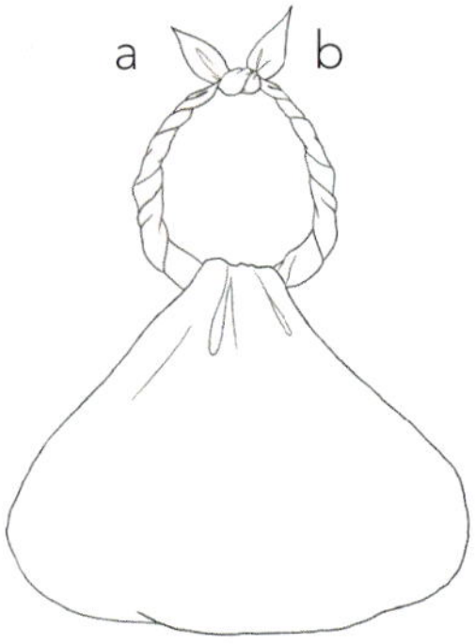

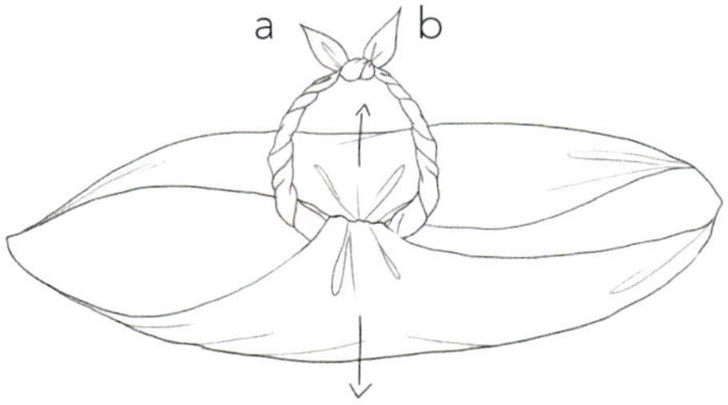

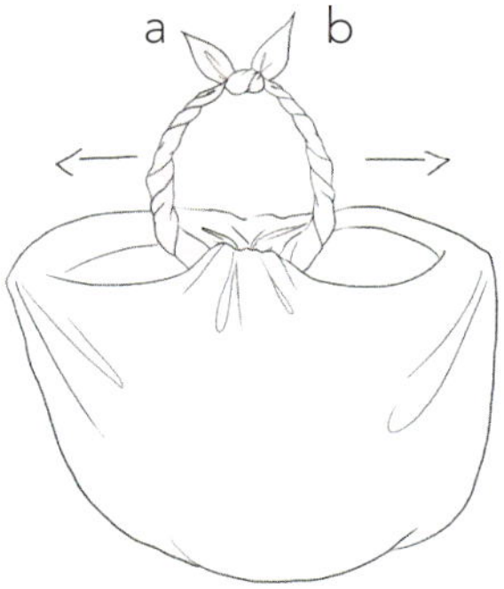

Dekorative Knoten

Diese Knoten werden vor allem bei Geschenken verwendet. Dadurch lassen sich die Furoshiki-Verpackungen nach Lust und Laune abwandeln.

Knoten mit Schlaufe: katanawa-musubi

1. Schritt 1 und 2 vom Kreuzknoten ausführen.
2. Das Zipfelende von **b** zu einer Schlaufe legen.
3. **a** über die Schlaufe legen und die Spitze von **a** durch die Schlaufe ziehen.
4. Den Knoten anziehen.

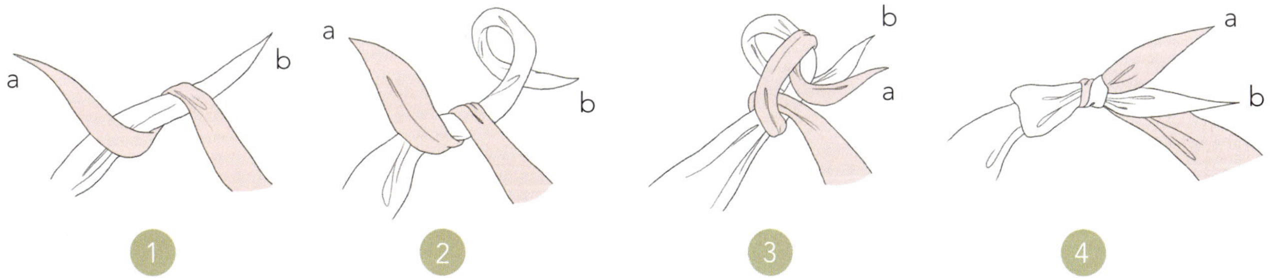

Schmetterlings- oder Schleifenknoten: chô-musubi

1. Schritt 1 und 2 vom Kreuzknoten ausführen.
2. Das Zipfelende von **b** zu einer Schlaufe legen, ebenso **a**.
3. Schlaufe **a** vor Schlaufe **b** kreuzen, dann hinter **b** und durch die beim Überkreuzen entstandene Lücke hindurch zur gegenüberliegenden Seite ziehen.
4. Den Knoten anziehen.

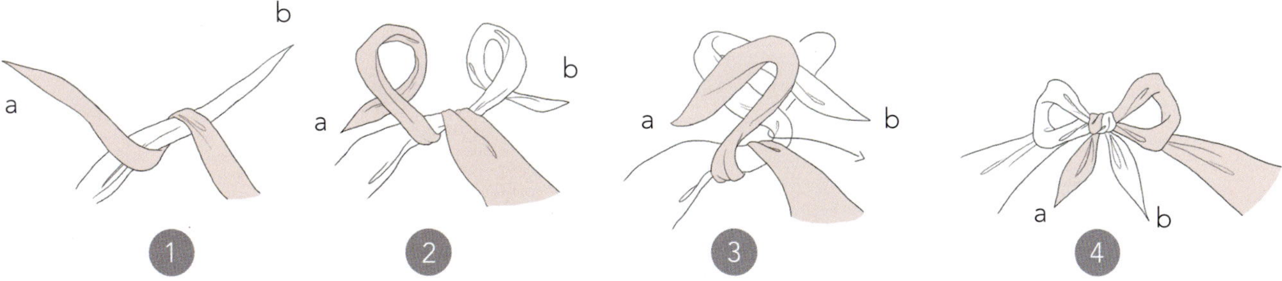

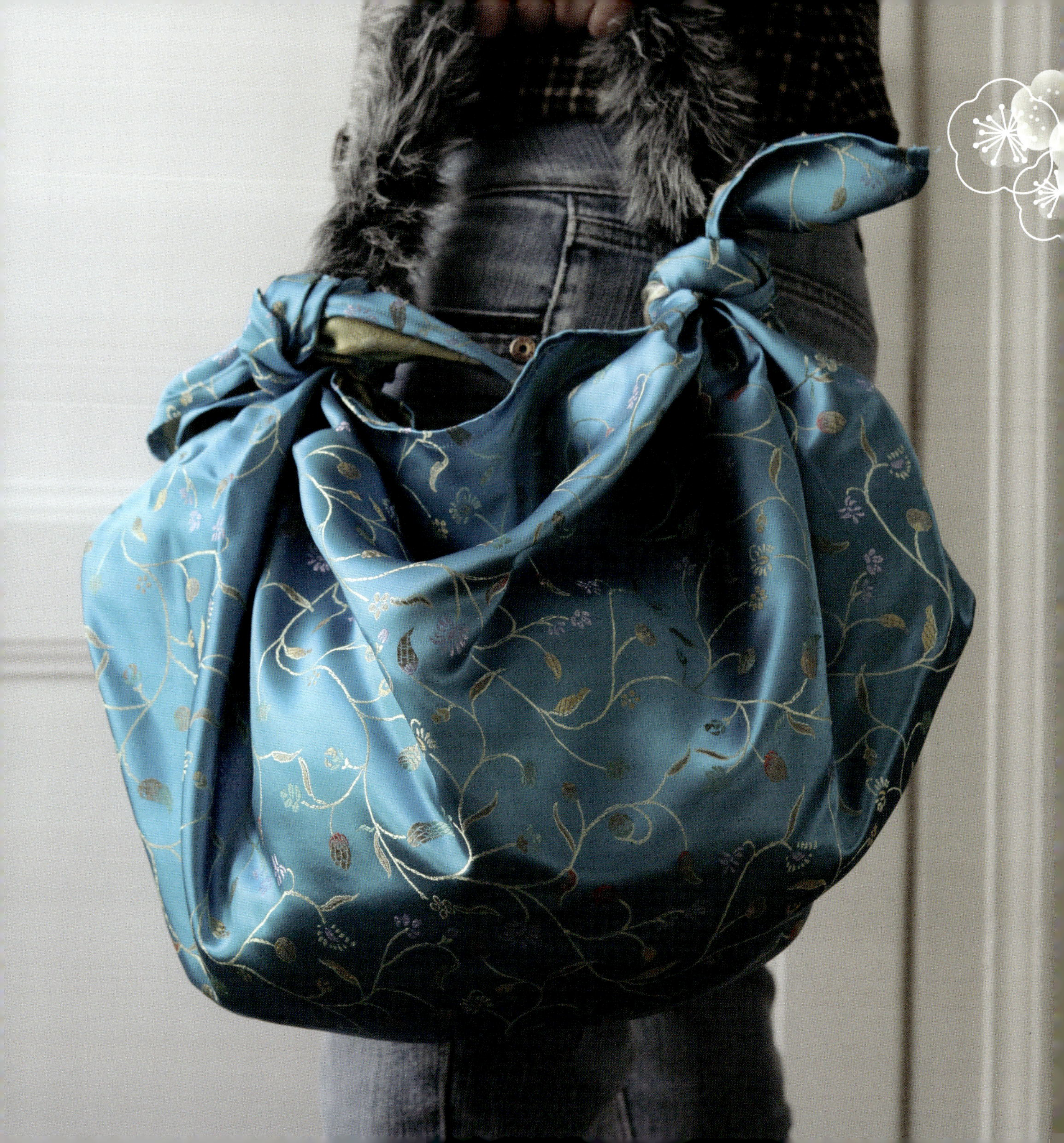

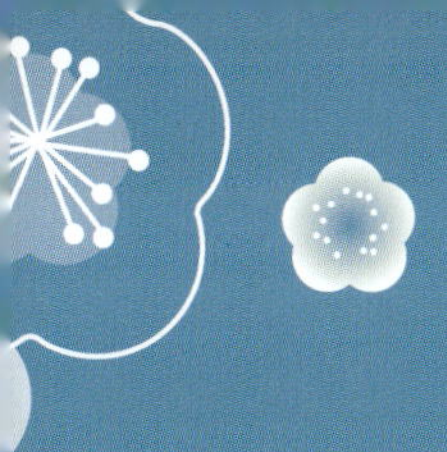

Taschen

Ein einfaches Furoshiki kann in unzählige Taschen verwandelt werden und erweist sich im Alltagsleben als sehr praktisch. Sie sollten daher immer ein Tuch in Ihrer Handtasche griffbereit haben, denn es kann sehr hilfreich sein. Im Nu ist es in eine Einkaufstasche verwandelt, in einen Flaschenträger, in einen Picknick-Korb, der schnell zur Decke wird, in eine Tragetasche und Spieldecke für Babys und vieles mehr.
Das Furoshiki bietet somit unendliche Möglichkeiten, denn sein Äußeres passt sich problemlos dem Inhalt an.
Auch für die Reise ist ein Furoshiki unverzichtbar. Es ist platzsparend, kann als Tuch vor Kälte und vor der Sonne schützen, dient als Rucksack bei Sightseeing-Touren, als Tischdecke im Biergarten, als Hand- oder Strandtasche oder als zusätzliche Reisetasche für die Souvenirs.
Manche der Wickeltechniken oder Wraps sind traditionell, andere sind an das moderne Leben und die veränderten Bedingungen angepasst, aber alle sind einfach, schnell und praktisch.

Material

Die Wahl des Stoffes ist entscheidend für die Verwendung des Furoshiki. Ein Satintuch mag perfekt für eine Abendtasche sein, aber wenig praktisch für eine Einkaufstasche.
Für alle Tragetaschen sind strapazierfähige Baumwollstoffe empfehlenswert. Je nach Dichte des Gewebes wird die Tasche eher fest oder flexibel sein. So ist ein dichter Baumwollstoff, z. B. ein Polsterstoff, zwar etwas schwieriger zu knoten, aber er ist auch stabiler und verschleißt weniger schnell.
Leinen hat zwar ähnliche Eigenschaften wie Baumwolle, aber es knittert stärker.
Chinesischer Jacquard Satin ist für eine feminine Handtasche ebenso geeignet wie als Geschenkverpackung.
Mehr und mehr finden auch wasserdichte Stoffe Verwendung: als Strand- oder Badetasche, als regenfester Shopper oder Handtasche. Man kann mit Tüchern aus diesem Material sogar Wasser transportieren, beispielsweise beim Campingurlaub.
Wiederverwertete Textilien sind eine umweltfreundliche und ökonomisch sinnvolle Lösung. In Ihrem Kleiderschrank werden Sie sicher fündig. Pareos, Schals, Bettlaken, Tischdecken, Vorhänge, Stoffreste – sie alle lassen sich in Furoshiki-Tücher verwandeln.

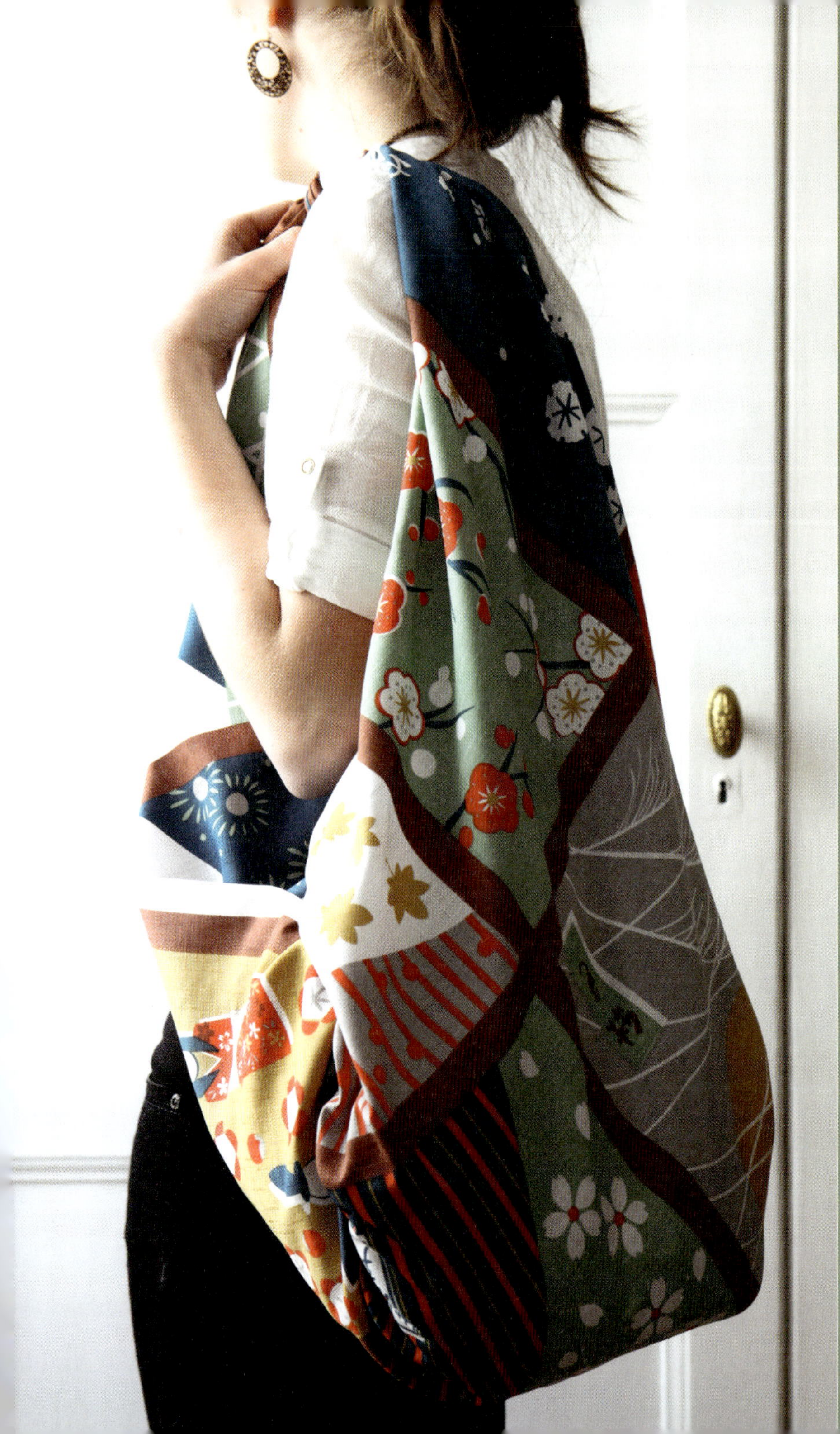

Größen

70 cm: Frühstücksbeutel oder kleine Abendtasche
90 cm: kleine Einkaufstasche oder Tragetasche für einen Kuchen
105/118 cm: multifunktionale Tasche mit gutem Fassungsvermögen. Ein Tuch mit 118 cm Kantenlänge ist für große Personen geeignet.

Verwendung

Einkaufstasche, Strand- oder Badetasche, Sportbeutel, Wickeltasche oder Krabbeldecke. Diese „Gemischtwaren"-Tasche lässt sich auch leicht in eine Handtasche verwandeln (Tasche mit gezwirbelten Henkeln oder Beuteltasche).

Variante

Tasche mit außenliegenden Knoten: um einen Kuchen, eine Keksdose oder eine Schale Obst sicher zu transportieren.

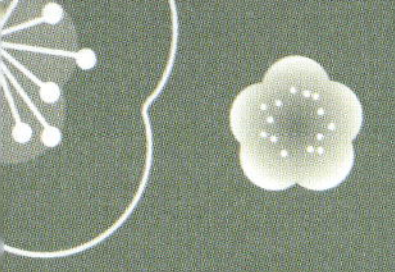

Einkaufstasche 3 in 1 *katakake-fukuro*

Knoten-Wrap

1. Das Tuch mit der rechten Seite nach oben ausbreiten.
2. Ecke **a** auf Ecke **c** legen, sodass ein Dreieck entsteht.
3. **b** zu einem einfachen Knoten binden, ebenso **d**. Die beiden Knoten sollten gleich weit von den Zipfelenden entfernt liegen. Je weiter die Knoten von den Enden entfernt sind, desto enger und tiefer wird die Tasche; je näher sie an den Enden liegen, desto größer und weniger tief ist die Tasche.
4. Die Stofflagen voneinander lösen und die Tasche auf die rechte Seite wenden. Die beiden Knoten nach innen legen.
5. **a** und **c** greifen und die Tasche etwas schwenken, sodass sie ihre Form erhält.
6. **a** und **c** zu einem Kreuzknoten binden.

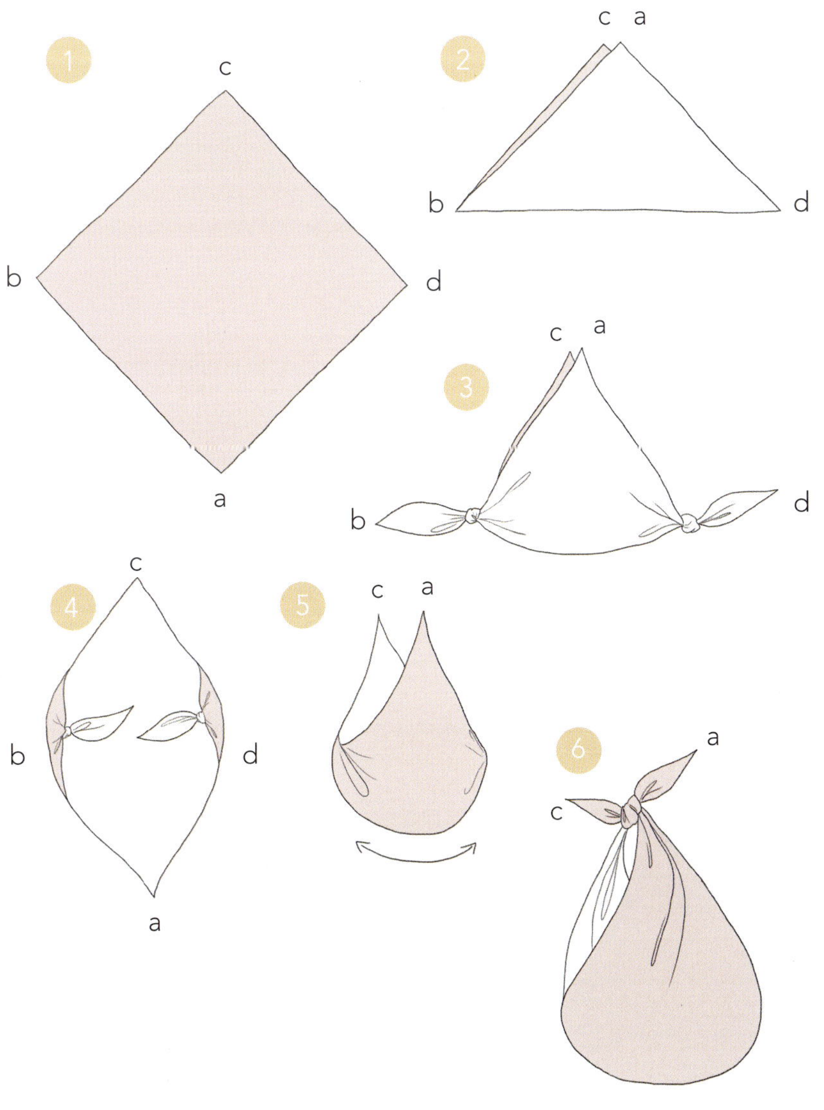

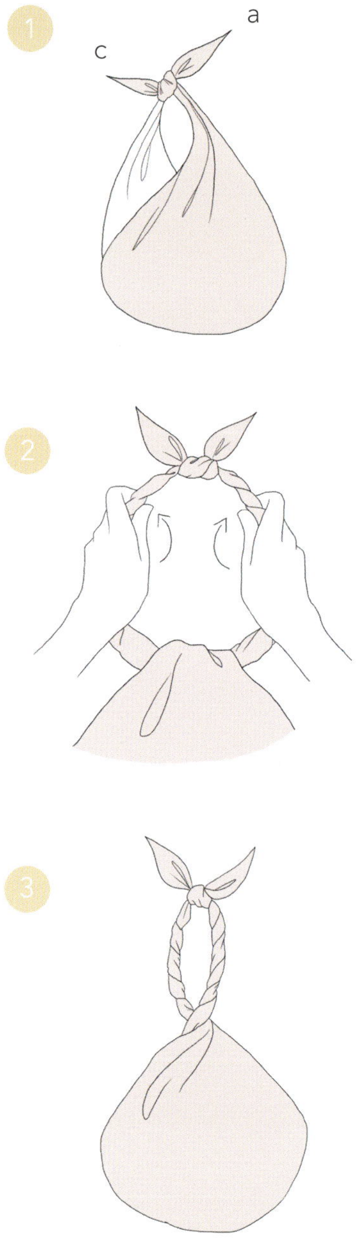

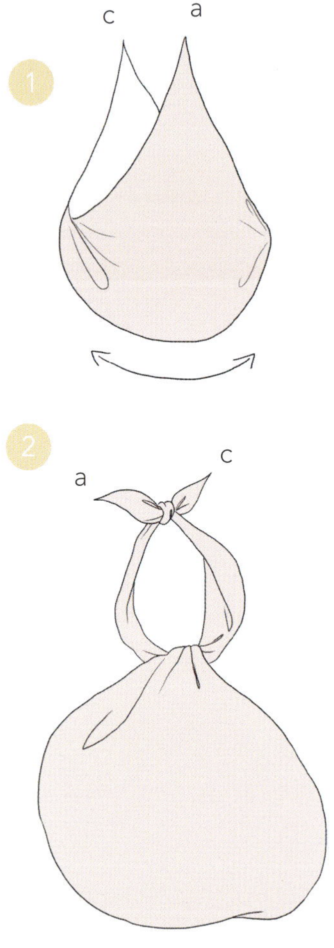

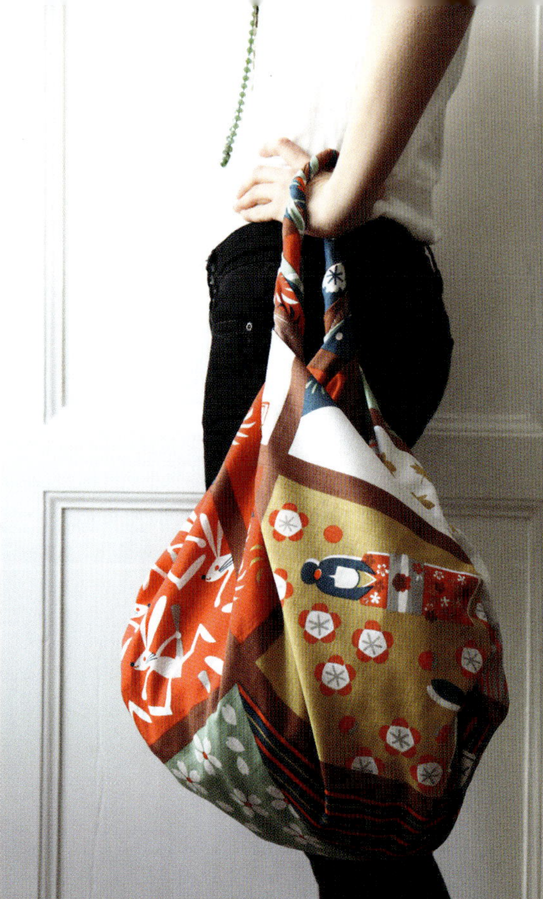

Tasche mit gezwirbelten Henkeln

1. Die Schritte 1 bis 6 ausführen.
2. Die Henkel zu beiden Seiten des Knotens fassen und mit Hilfe der Daumen zwirbeln.
3. Der Henkel ist jetzt fester und die Tasche besser verschlossen.

Beuteltasche

1. Die Schritte 1 bis 5 ausführen.
2. Aus a und c einen gezwirbelten Henkel bilden (siehe Seite 12).

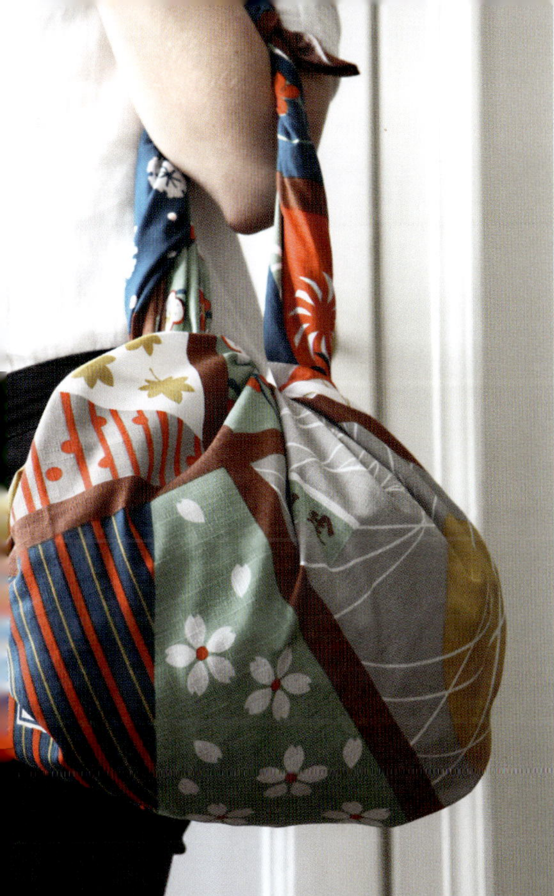

Variante: Tasche mit außen liegenden Knoten

1. Das Tuch mit der linken Seite nach oben ausbreiten. Die Kuchenform oder den betreffenden Gegenstand in der Mitte des Tuches platzieren.
2. **a** und **c** zu einem Kreuzknoten binden.
3. Mit dem Arm unter dem Knoten durchgreifen, damit dieser nicht in den Kuchen fällt. In **b** einen einfachen Knoten schlingen. Den Arm wechseln und mit **d** einen einfachen Knoten binden.

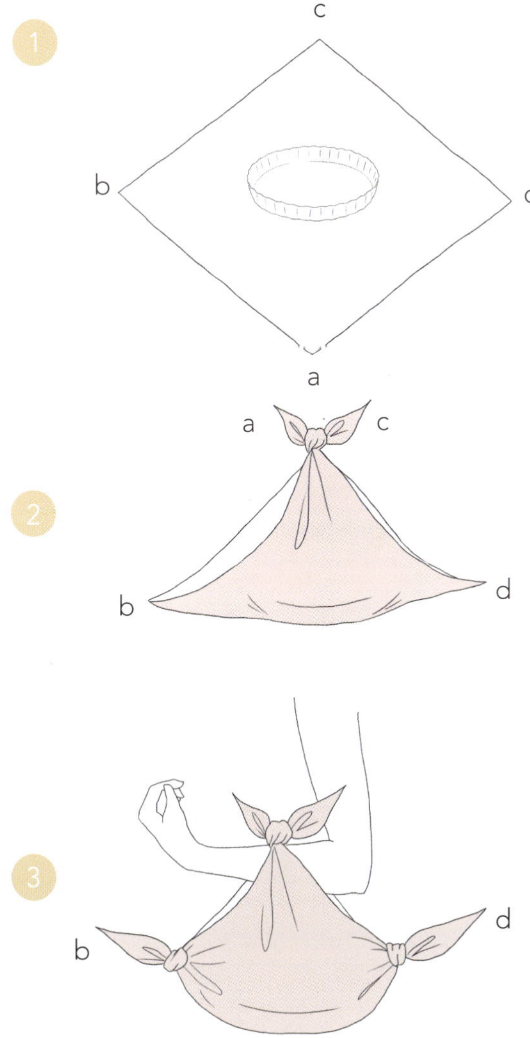

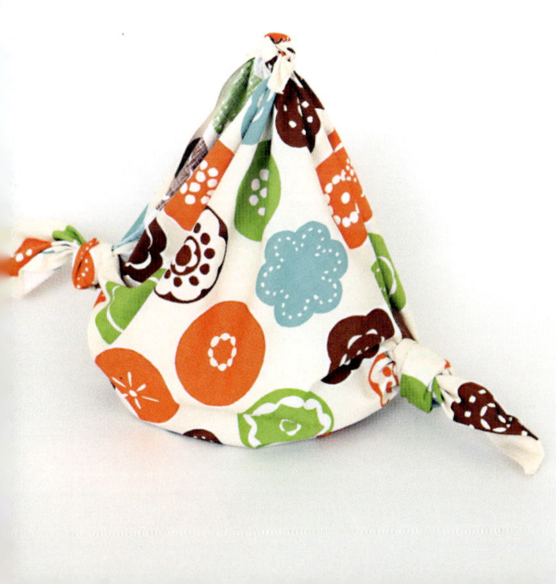

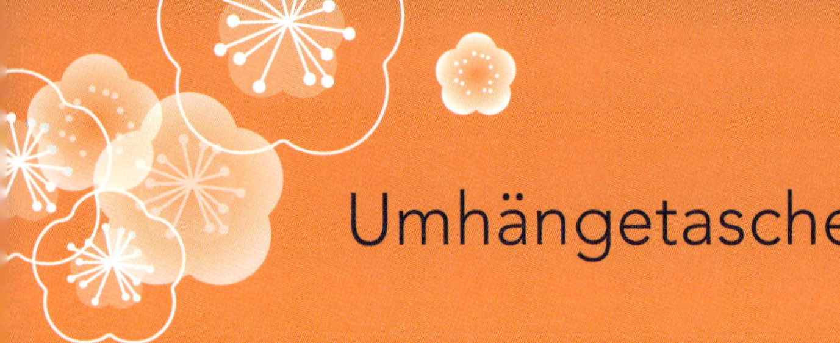

Umhängetasche *shorudâ-baggu*

Größen

105/118 cm: für große Personen sind 118 cm empfehlenswert.

Verwendung

Praktische Tasche fürs Fahrrad oder um schwere Gegenstände zu transportieren. Dieser Taschentyp gefällt besonders Männern oder Teenagern. Man kann die Tasche auch über beide Schultern tragen, um das Gewicht besser zu verteilen. Diese Tragweise war in der Edo-Zeit üblich.

Variante

Tasche mit zweitem gezwirbelten Henkel: Sie lässt sich in der Hand, aber auch über der Schulter tragen. Durch den zweiten Henkel wirkt sie sehr feminin.

Knoten-Wrap

1. Das Tuch mit der linken Seite nach oben ausbreiten. Die Gegenstände in der Mitte des Tuches platzieren.
2. **a** und **c** zu einem Kreuzknoten binden, dabei den ersten Knoten besonders fest anziehen.
3. **b** und **d** greifen und sich die Tasche so auf den Rücken legen, dass ein Zipfel über einer Schulter und der andere unter der anderen Achsel liegt.
4. Auf der Brust **b** und **d** zu einen Kreuzknoten binden.

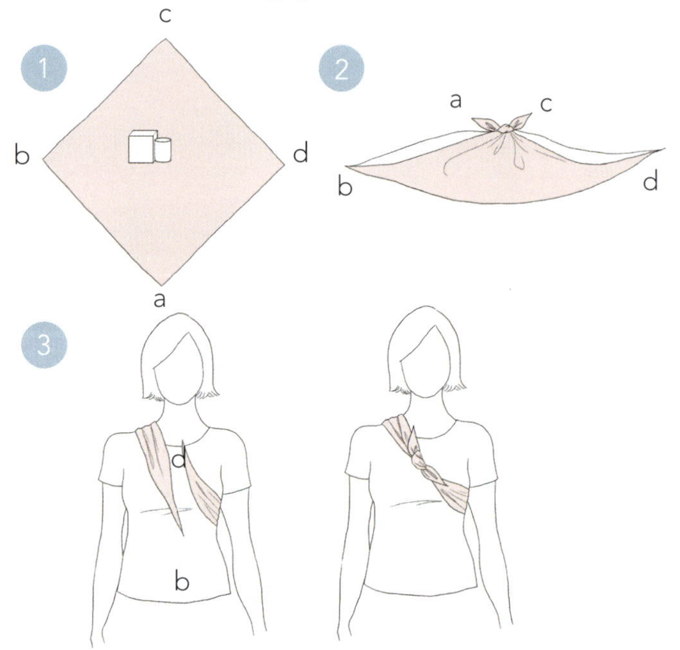

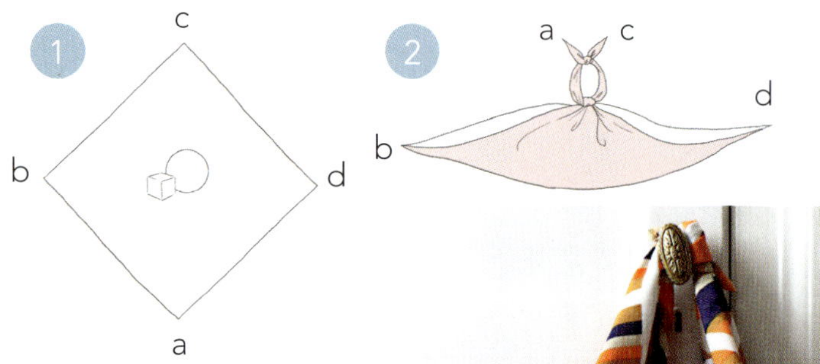

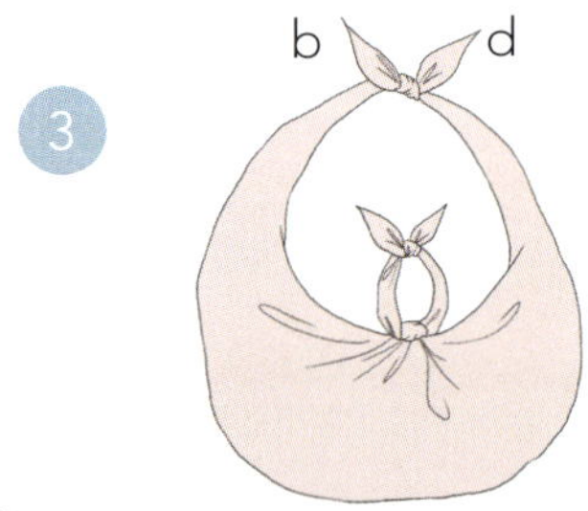

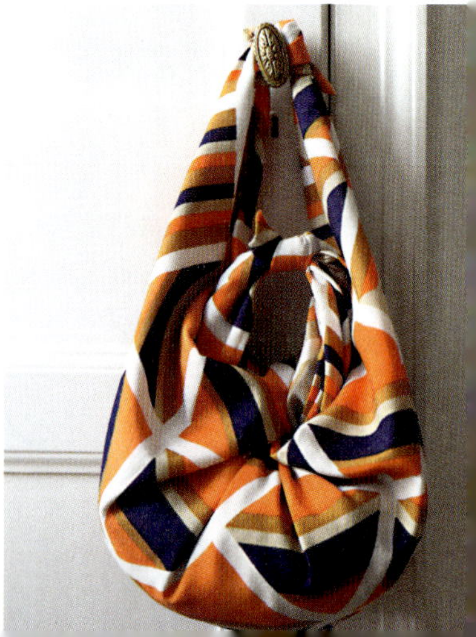

1 c b d a
2 a c b d
3 d b

1 c b d a
2 a c d b
3 b d

Variante: Tasche mit einem zweiten gezwirbelten Henkel

1. Das Tuch mit der linken Seite nach oben ausbreiten. Die Gegenstände in der Mitte des Tuches platzieren.
2. Mit **a** und **c** einen gezwirbelten Henkel bilden (siehe S. 12), dabei den ersten Knoten fest anziehen, um den Inhalt zu fixieren.
3. **b** und **d** zu einem Kreuzknoten binden und die Tasche über die Schulter hängen. Ob der gezwirbelte Henkel zu sehen ist oder nicht, bleibt Ihnen überlassen.

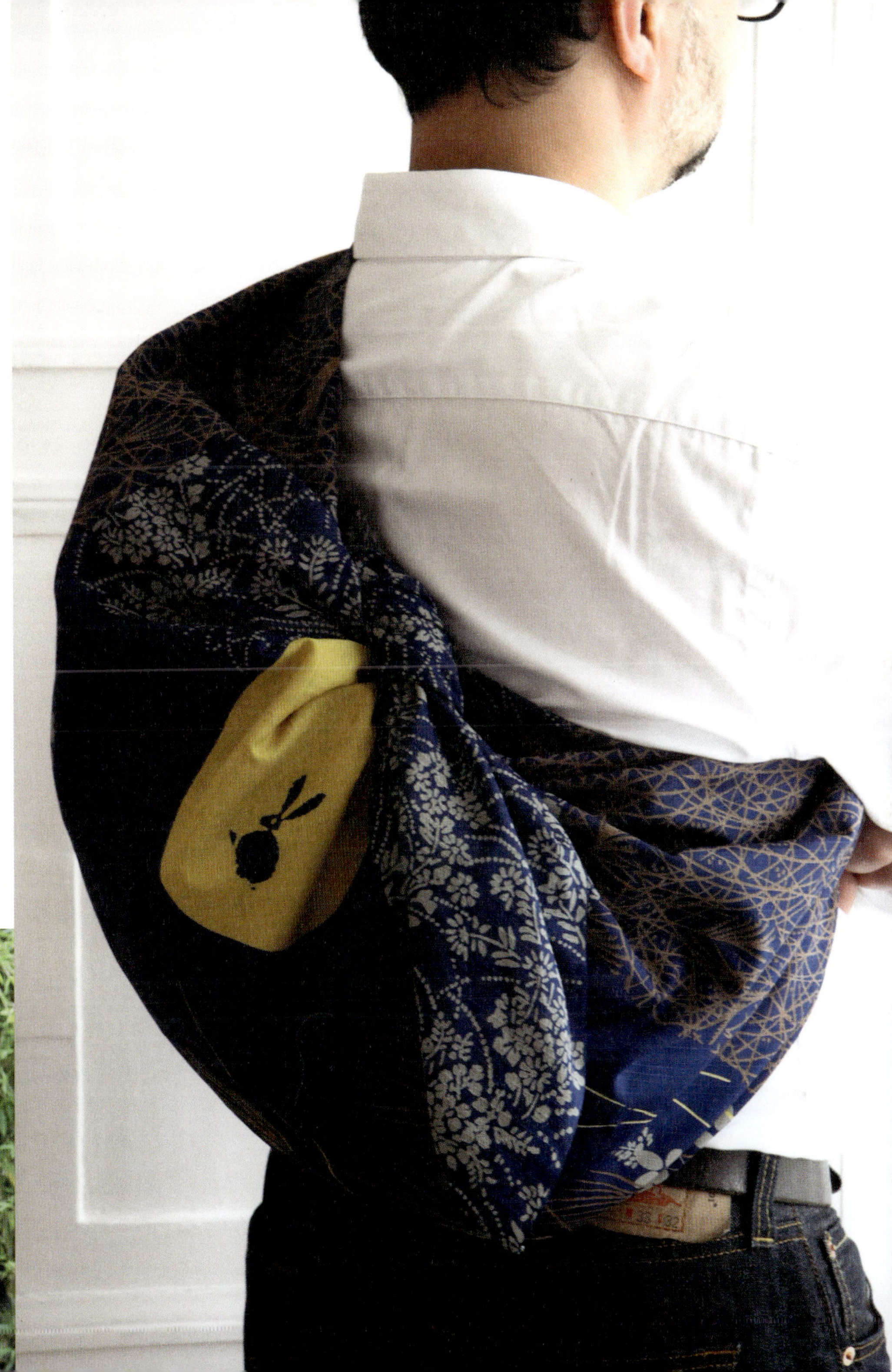

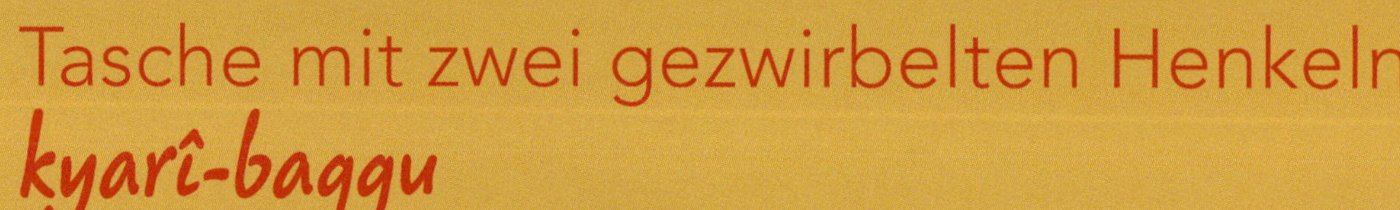

Tasche mit zwei gezwirbelten Henkeln
kyarî-baggu

Größen

90 cm: für ein kleines Picknick
105/118 cm: für ein großes Picknick, als Handtasche, Wickeltasche usw.
140 cm: Packtaschen für Wanderungen oder Großeinkäufe

Verwendung

Einkaufskorb, Picknickkorb (entknotet als Decke zu verwenden), Erntekorb für Obst und Gemüse. Die gezwirbelten Henkel passen gut über die Griffe eines Kinderwagens, Rollstuhls, Koffers usw. Ideal auch als geräumige Handtasche.

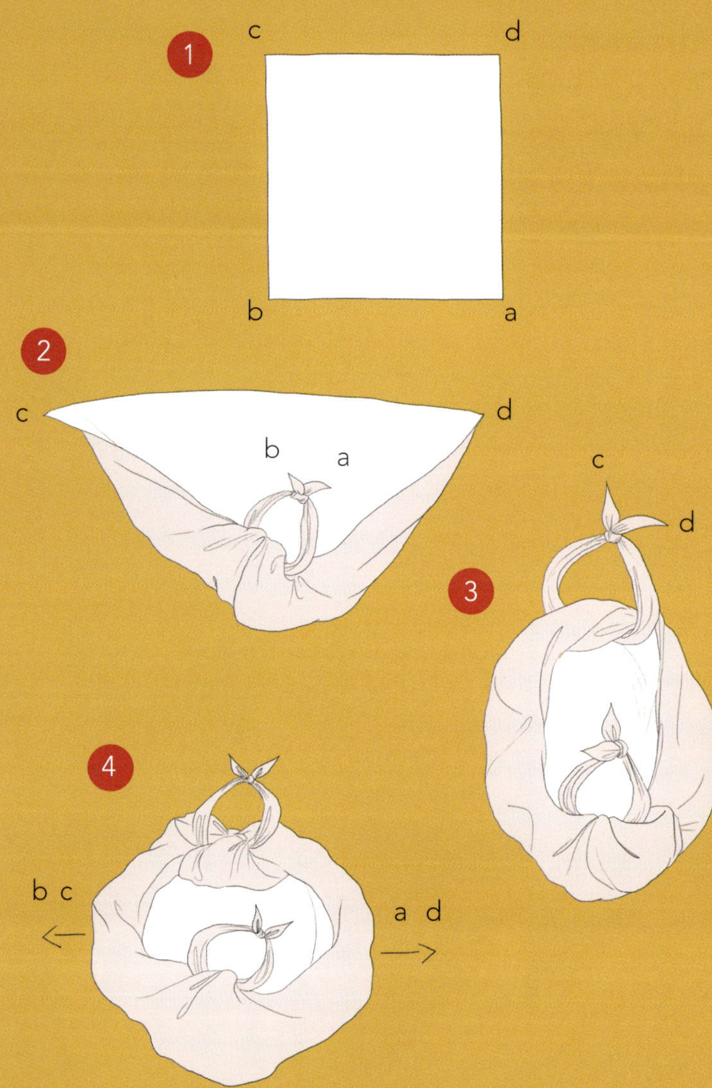

Knoten-Wrap

1. Das Tuch mit der linken Seite nach oben ausbreiten.
2. Der Anleitung für gezwirbelte Taschenhenkel folgen (siehe S. 12); zunächst mit **a** und **b** ausführen, dabei den ersten Knoten fest anziehen.
3. Mit **c** und **d** ebenso verfahren.
4. Um die Tasche zu öffnen, die Seiten **ad** und **bc** auseinanderziehen. Zum Schließen jeweils an den beiden Seiten eines Henkels ziehen.

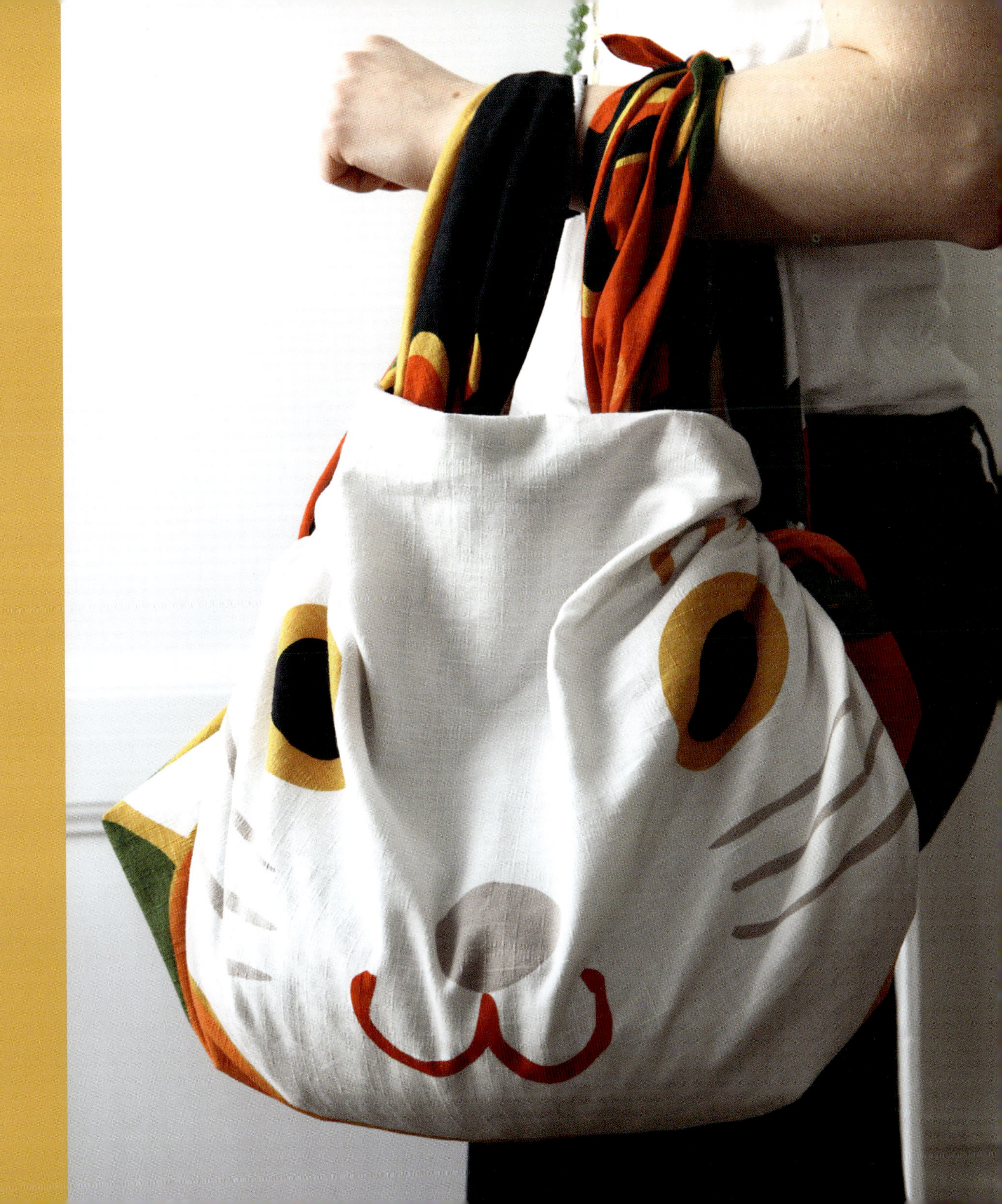

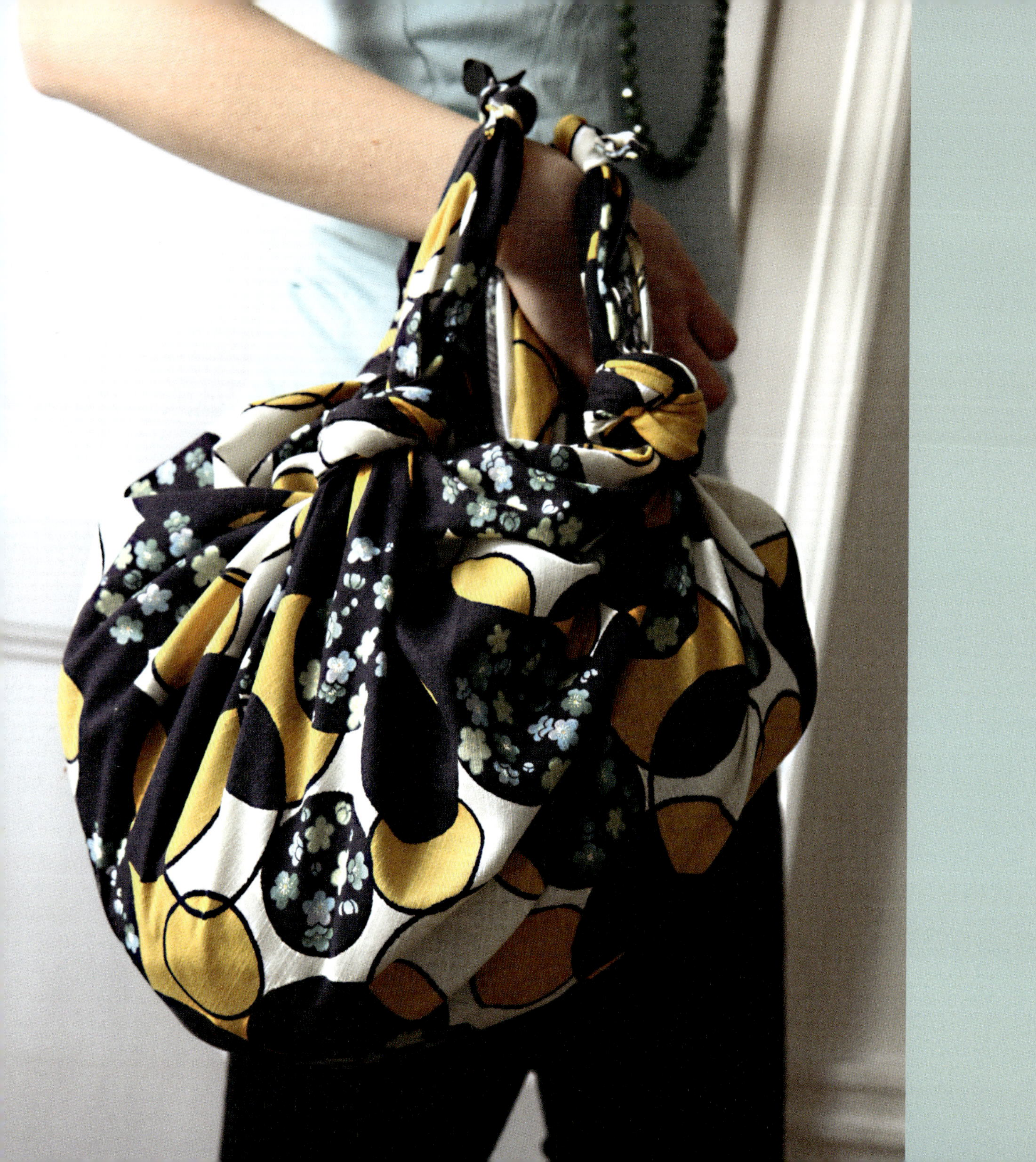

Einkaufstasche mit zwei Henkeln
kago-baggu

Größen
90/105/118 cm: die Größe des Tuches hängt davon ab, was transportiert werden soll.

Verwendung
Runde Taschenform, die wie ein Korb getragen werden kann, ideal z. B. für Einkäufe auf dem Markt. Die Henkel und die Öffnung sind nicht flexibel.

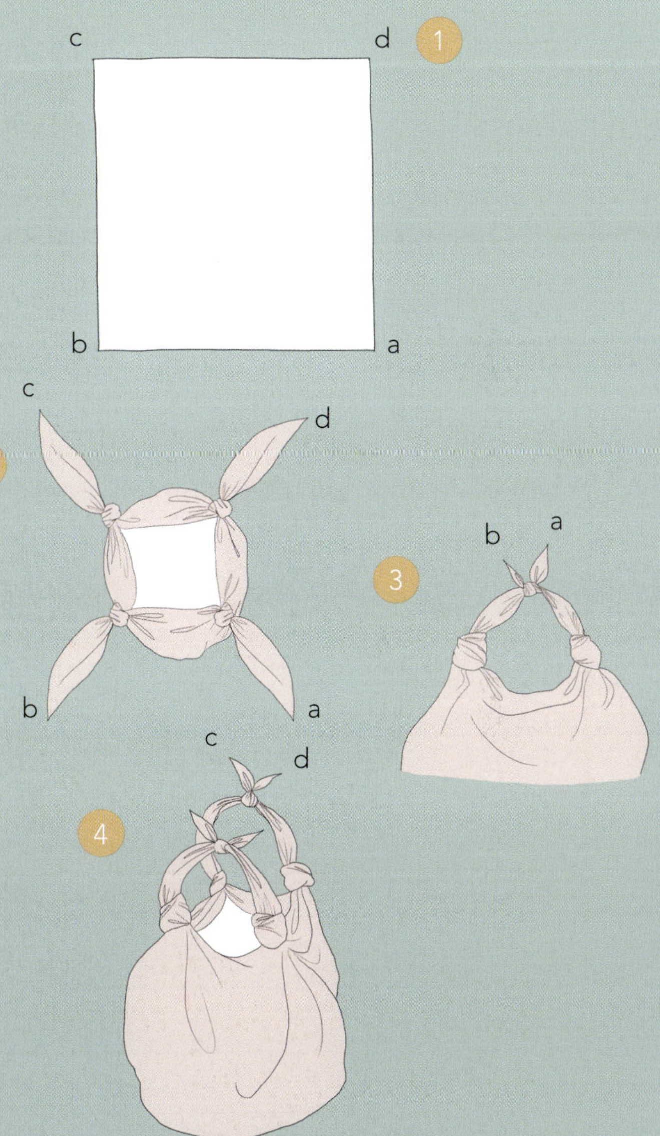

Knoten-Wrap
1. Das Tuch mit der linken Seite nach oben ausbreiten.
2. In alle vier Ecken **a**, **b**, **c** und **d** einen einfachen Knoten schlingen.
3. **a** und **b** zu einem Kreuzknoten binden.
4. Mit **c** und **d** ebenso verfahren.

Badetasche – bîchi-baggu

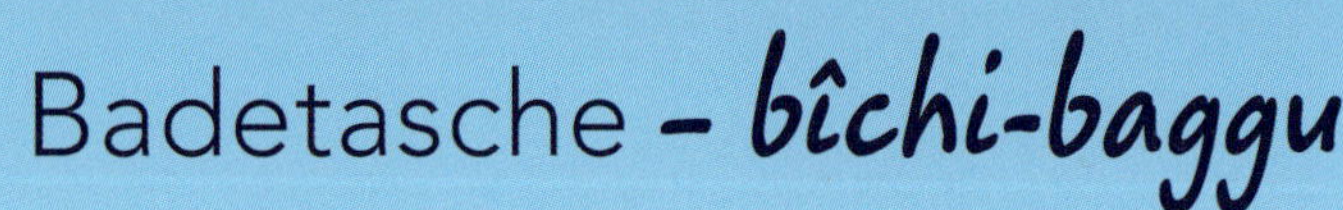

Größen

105/118 cm: große Personen sollten zu 118 cm greifen.

Verwendung

Längliche Tasche, die über der Schulter getragen werden kann, um alles zu verstauen, was man am Strand braucht: Strandtuch, Handtuch, Badeanzug oder -hose, Sonnencreme, Zeitschriften, Bücher …

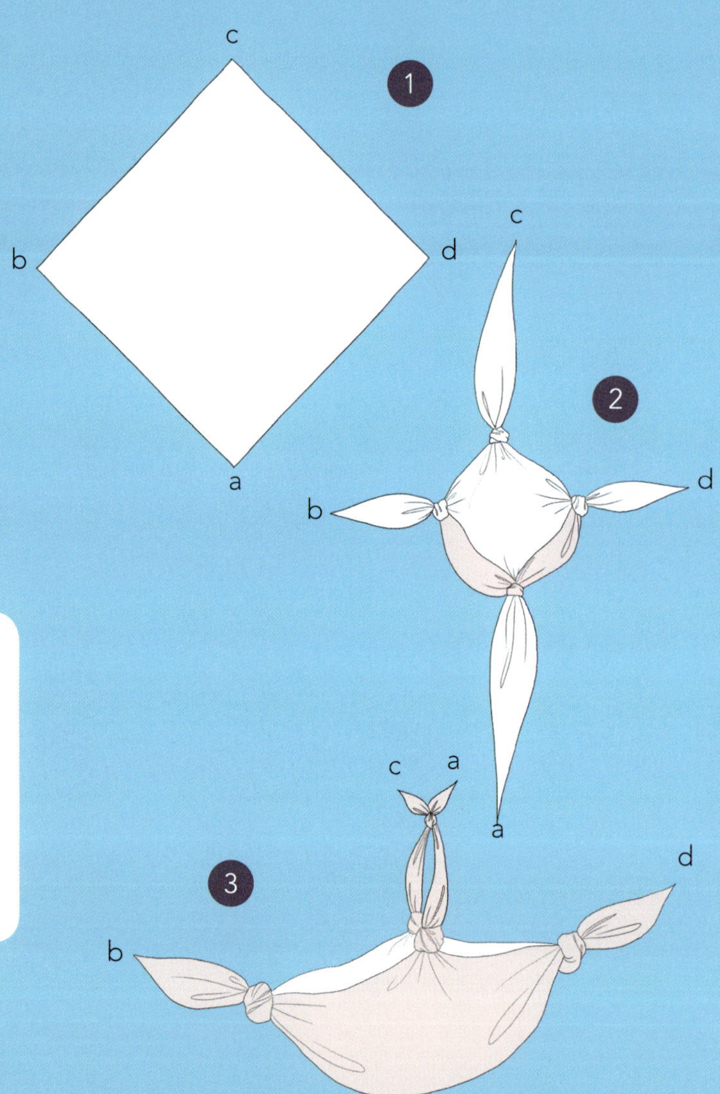

Knoten-Wrap

1. Das Tuch mit der linken Seite nach oben ausbreiten.
2. In alle vier Ecken einen einfachen Knoten schlingen. Die Knoten in **a** und **c** sollten ungefähr doppelt so weit von der Spitze entfernt sein wie die Knoten in **b** und **d**.
3. **a** und **c** zu einem Kreuzknoten binden, sodass ein Henkel entsteht.

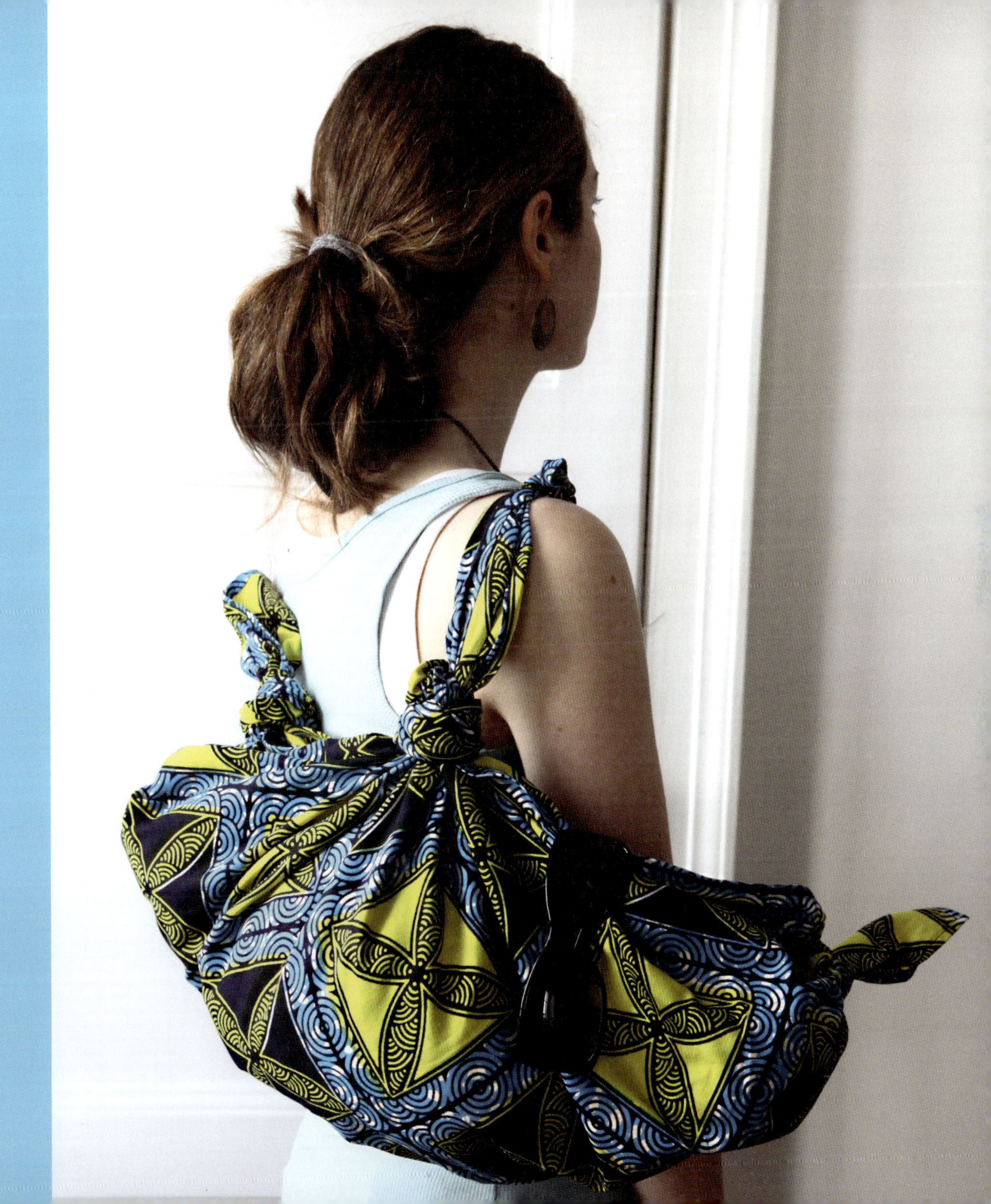

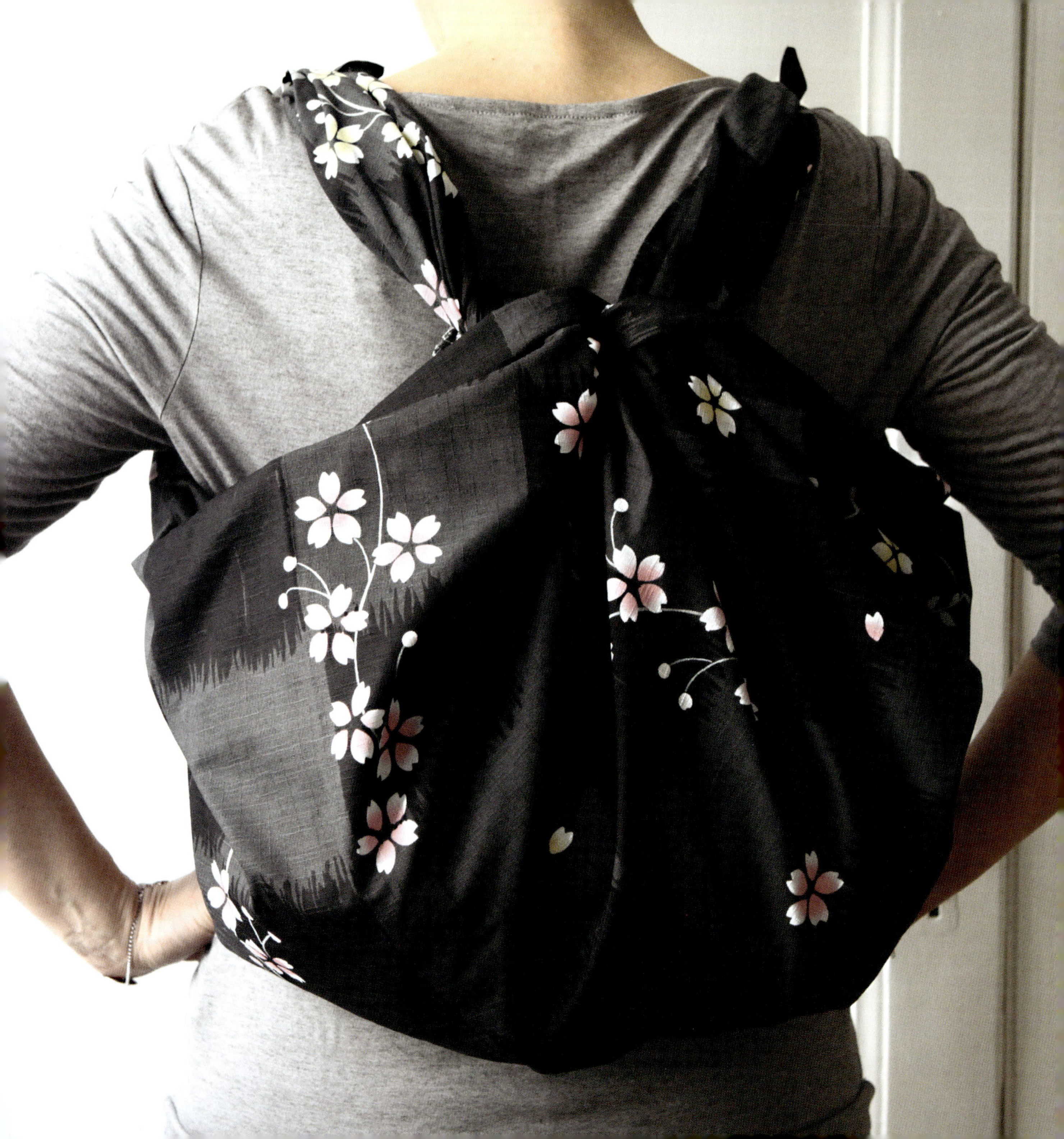

Rucksack – *ryukku*

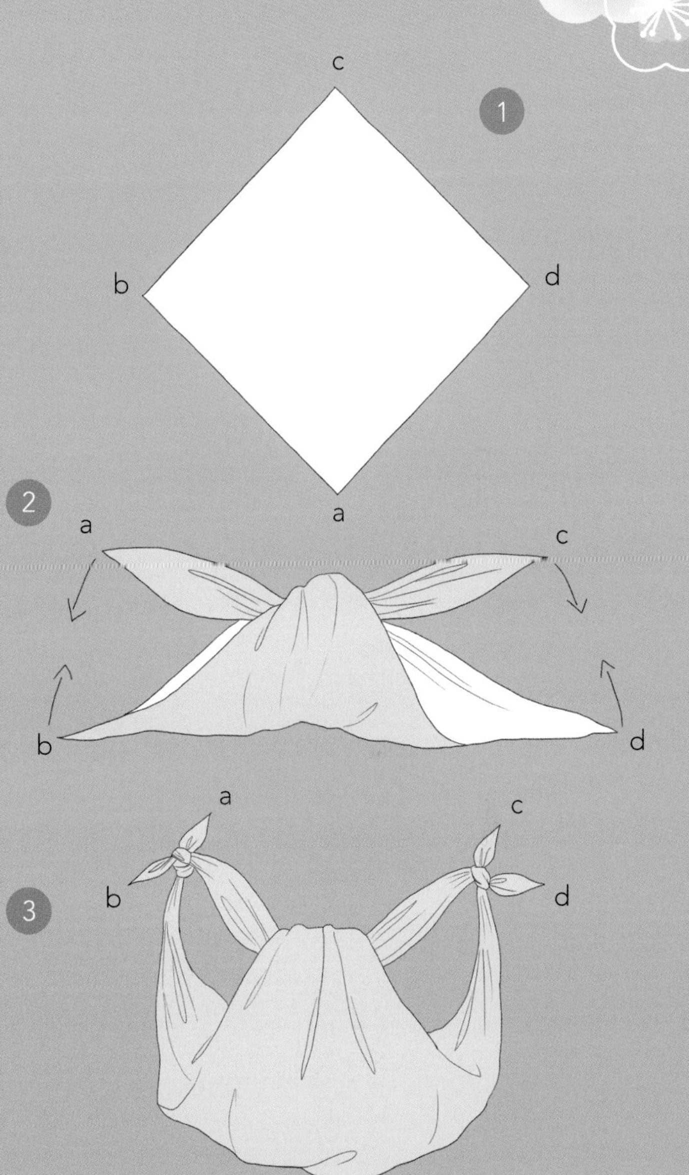

Größen

118 cm: Minimum für einen Erwachsenen

Verwendung

Idealer Rucksack für einen kleinen Ausflug, um etwas Schweres zu transportieren (das Gewicht wir durch die beiden Träger gut verteilt) oder für Sportsachen.

Knoten-Wrap

1. Tuch mit der linken Seite nach oben ausbreiten.
2. **a** und **c** verschlingen (siehe Schritte 1 und 2 vom Kreuzknoten).
3. **a** und **b** sowie **c** und **d** zu einem Kreuzknoten binden. Die Länge der Träger lässt sich variieren, indem der erste Knoten (aus Schritt 2) mehr oder weniger stark angezogen wird.

Rucksack 2 – *ryukku 2*

Größen

Sie benötigen zwei Tücher:
1 Tuch, 105/118 cm Seitenlänge + 1 Tuch, 90 cm Seitenlänge:
für einen Mann oder eine große Person
1 Tuch, 90 cm Seitenlänge + 1 Tuch, 70 cm Seitenlänge:
für eine Frau oder einen Teenager

Verwendung

Dieser Rucksack eignet sich für die gleichen Gelegenheiten wie das auf Seite 29 beschriebene Modell. Allerdings hat er ein größeres Volumen. Es sieht hübsch aus, wenn Farben und Muster der beiden Tücher aufeinander abgestimmt sind.

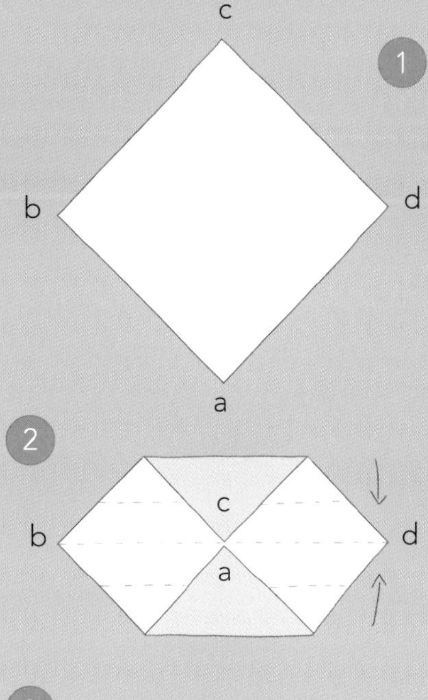

Knoten-Wrap

Träger

1. Das kleinere Tuch mit der linken Seiten nach oben ausbreiten.
2. Die Ecken **a** und **c** so falten, dass sie sich in der Mitte berühren.

Jede der entstandenen Kanten noch zweimal zur Mitte hin umklappen.

3. Die beiden Kanten aufeinanderlegen.

Beutel

1. Das größere Tuch mit der linken Seite nach oben ausbreiten.
2. Ecke **A** auf Ecke **C** legen, sodass ein Dreieck entsteht.
3. Einen Knoten binden (siehe die Schritte 1 und 2 bei Kreuzknoten) und den Knoten anziehen, bis jeder Zipfel etwa 15 cm lang ist.
4. Die Mitte des Trägers auf den Knoten legen und darüber mit **A** und **C** einen Kreuzknoten binden, wodurch der Träger fixiert wird.
5. **b** und **B** sowie **d** und **D** jeweils zu einem Kreuzknoten binden.

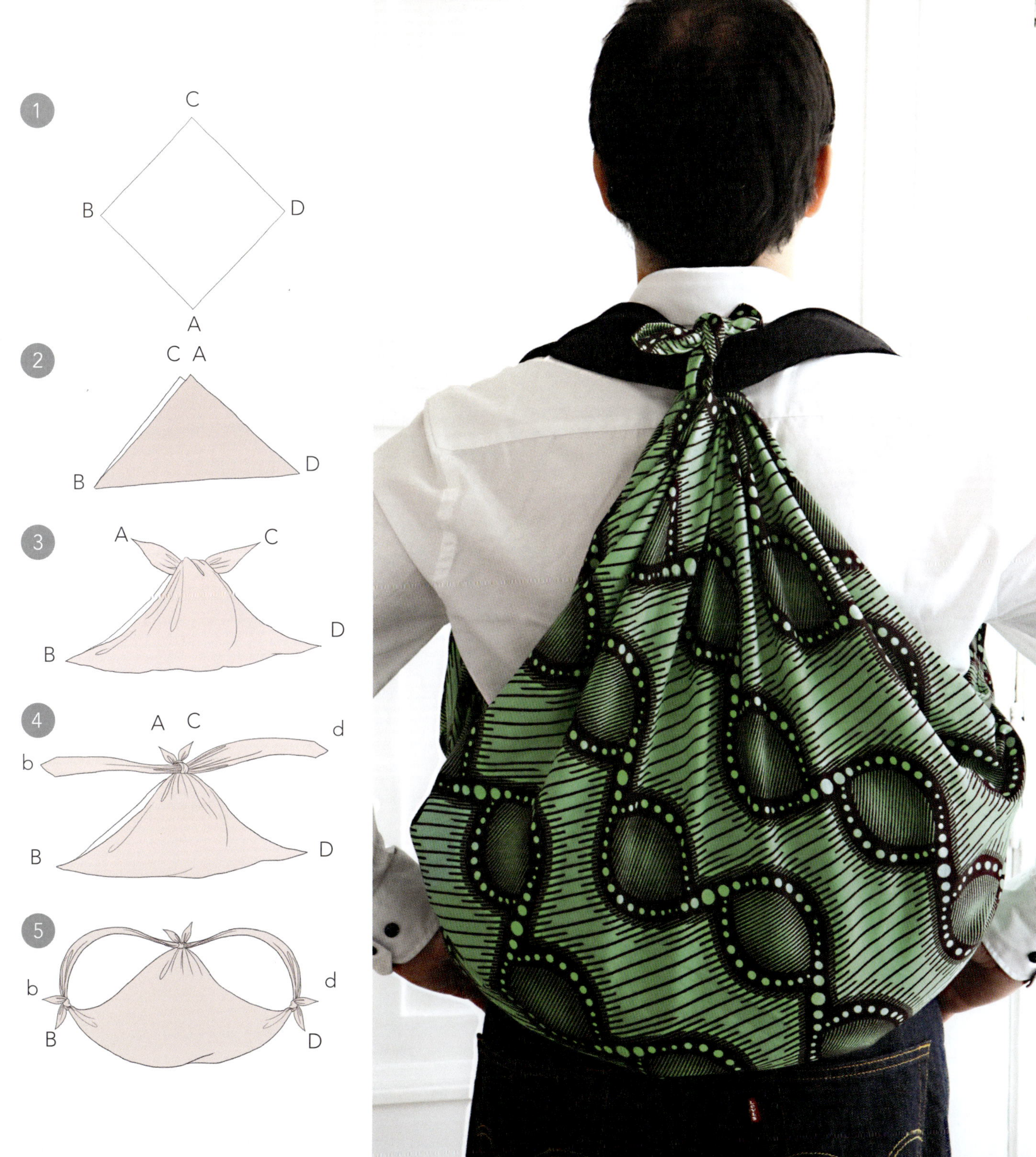
1
C
B
D
A
2
C A
B
D
3
A
C
B
D
4
A C
b
d
B
D
5
b
d
B
D

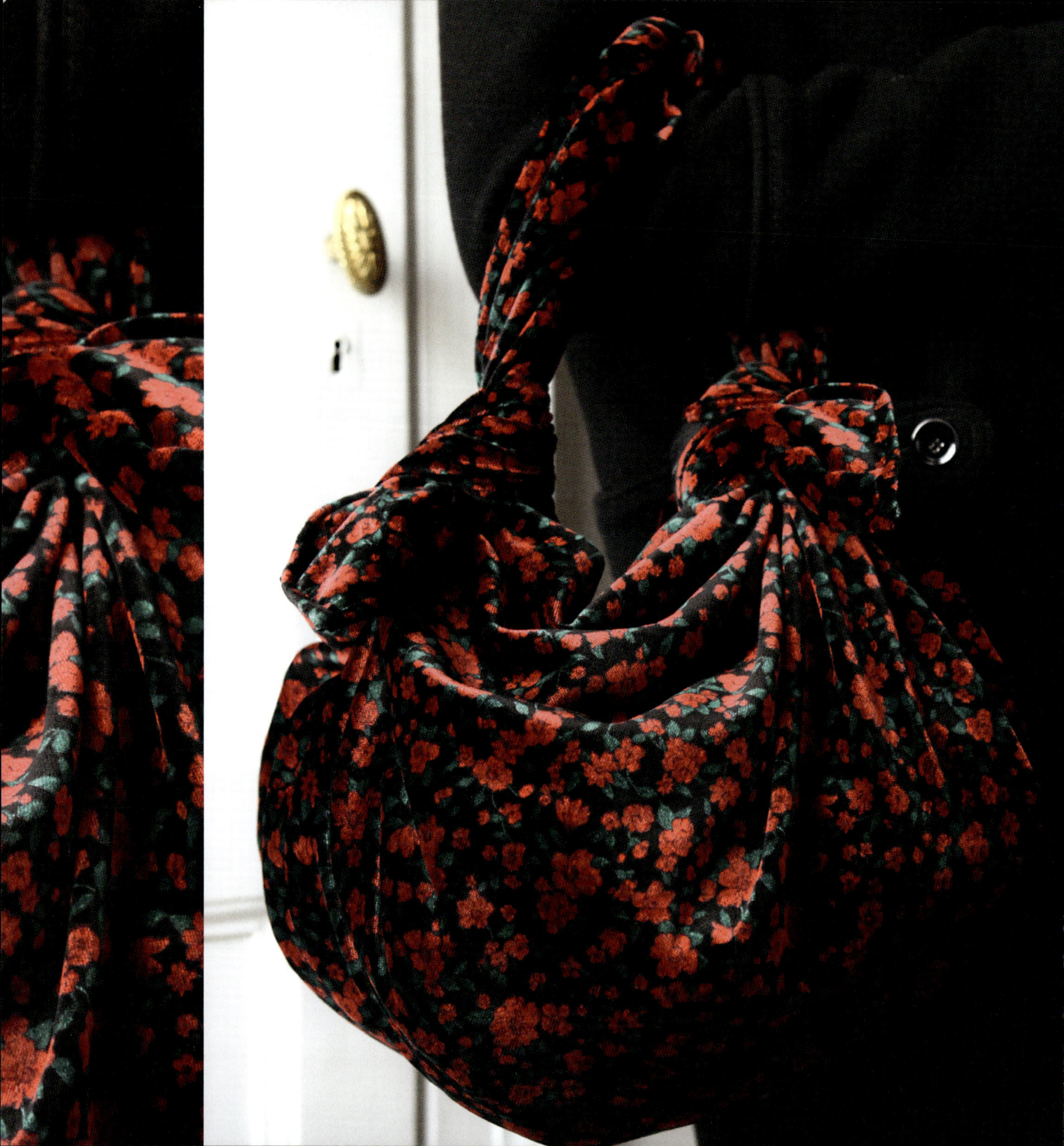

Handtasche – *hando-baggu*

Größen

105/118 cm: für eine große Person sind mindestens 118 cm erforderlich.

Verwendung

Es ist praktisch, wenn man die Form der Handtasche nach Lust und Laune verändern kann und sich auf diese Weise den Kauf einer neuen Tasche erspart.

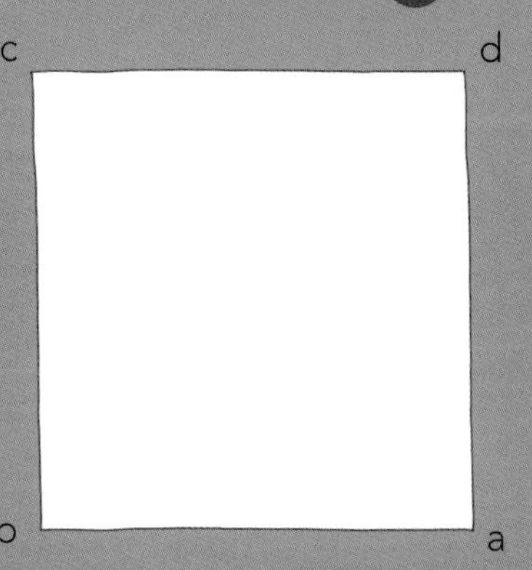

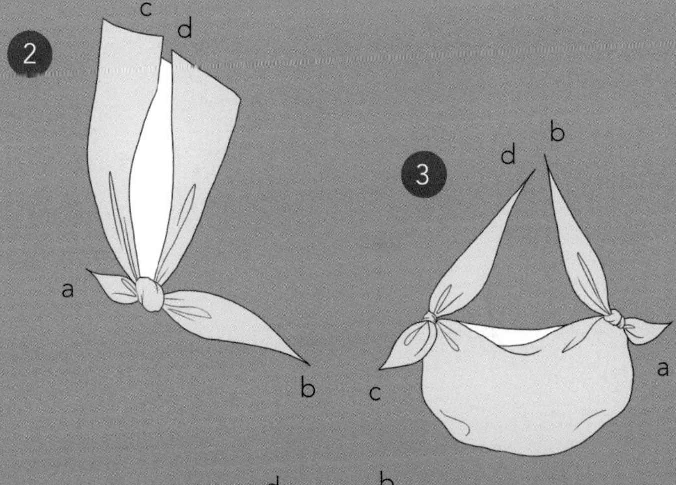

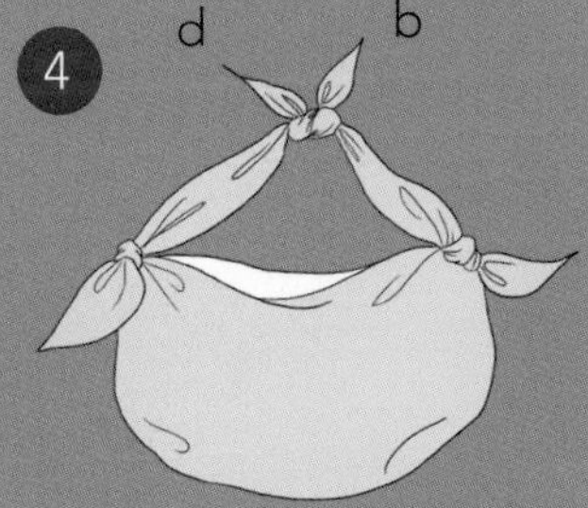

Knoten-Wrap

1. Tuch mit der linken Seite nach oben ausbreiten.
2. **a** und **b** zu einem Kreuzknoten binden. Dabei den ersten Knoten so anziehen, dass Zipfel **b** deutlich größer als der andere Zipfel ist. Anschließend den zweiten Knoten ausführen. Zipfel **b** ist immer noch größer.
3. Schritt 2 mit den **c** und **d** wiederholen. Zipfel **d** ist der größere.
4. **b** und **d** zu einem Kreuzknoten binden.

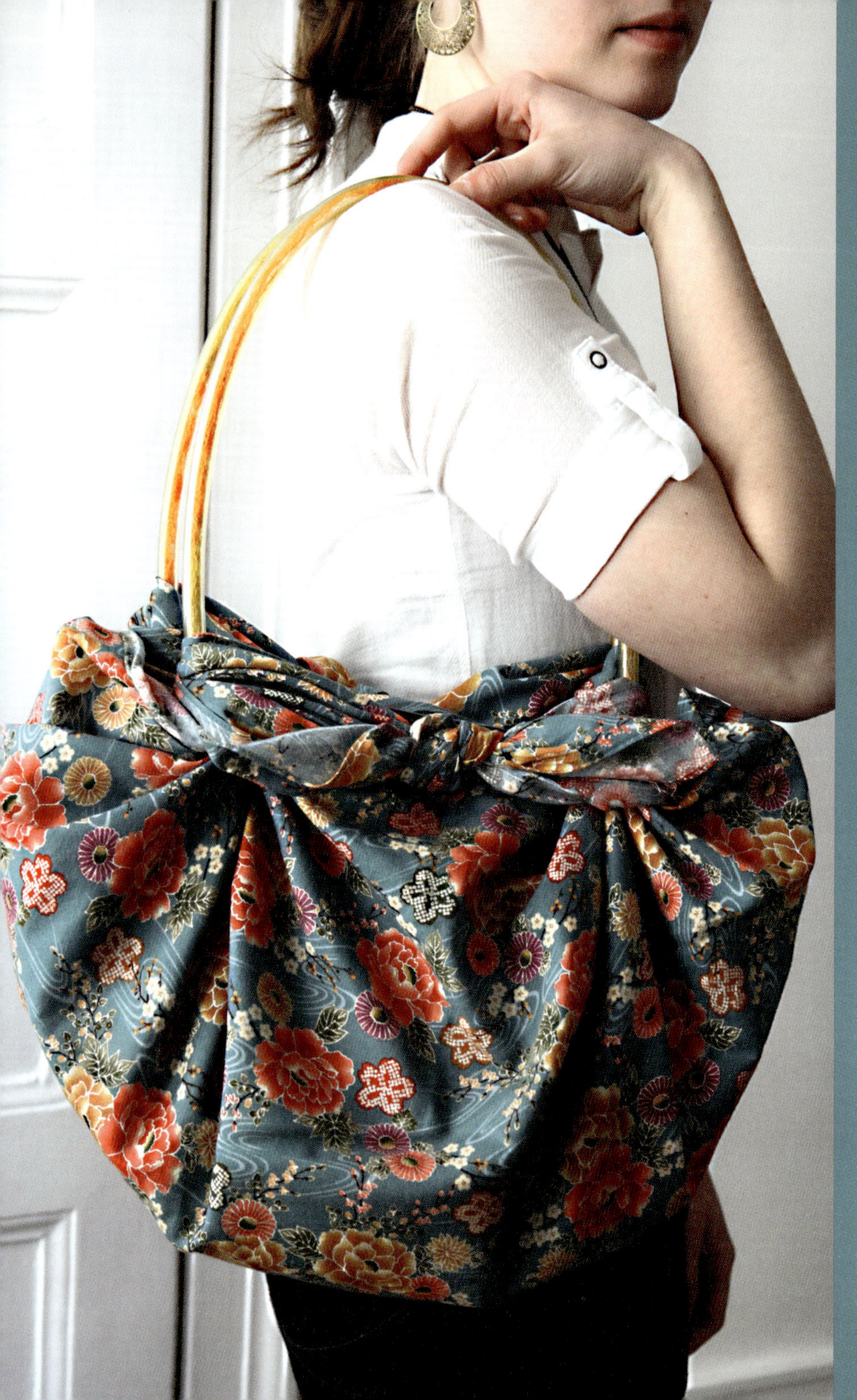

Größen

90 cm: für eine normal große Tasche
105/118 cm: für eine Tasche mit zwei Griffen oder einen ringförmigen Griff

Verwendung

Ideal, um eine alte Tasche aufzumöbeln oder ihr je nach Geschmack ein anderes Aussehen zu verleihen. Die feste Struktur Ihrer Lieblingstasche bestimmt die Form der Hülle.

Varianten

Verwenden Sie zwei Griffe – aus Holz, Metall, Kunststoff oder anderen Materialien – oder einen Henkel aus Leder, Stoff, Kordel, Fellimitat o.ä. Auf diese Weise können Form und Stil spielerisch verändert werden. Oder wie wäre es mit einem strassbesetzten Griff für eine schicke Abendtasche?

Knoten-Wrap

1. Tuch mit der linken Seite nach oben ausbreiten. Die Handtasche in der Mitte platzieren, die Griffe sind dabei parallel zu den Kanten **ab** und **cd** ausgerichtet.
2. **a** und **b** durch einen Griff ziehen und über die Seiten wieder nach vorne führen.
3. Einen Kreuzknoten binden.
4. Die Schritte 2 und 3 mit **c** und **d** wiederholen.

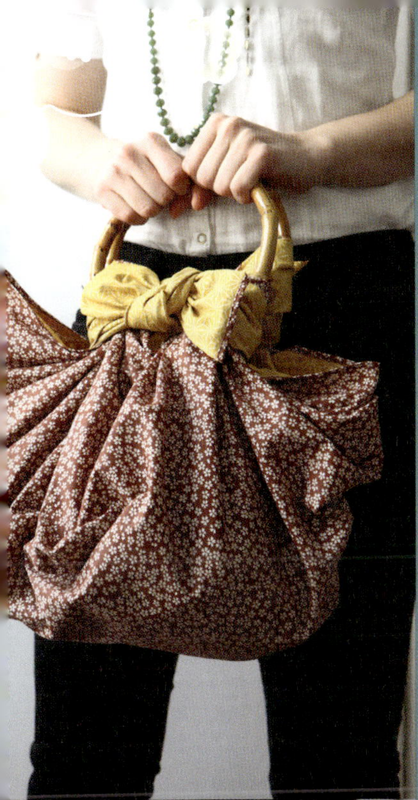

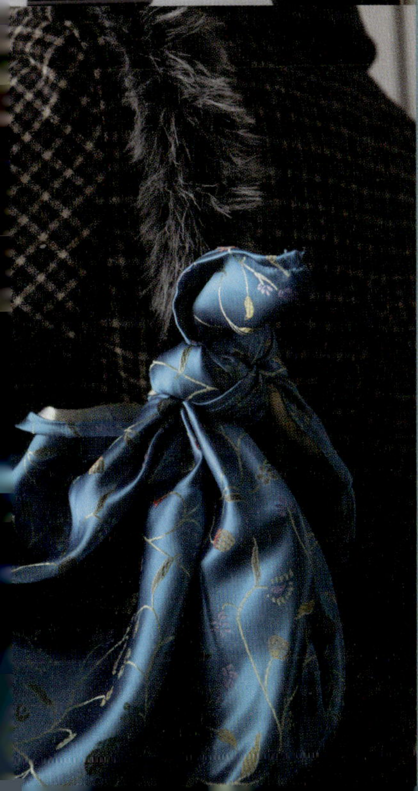

Taschenhülle *kisekae-baggu*

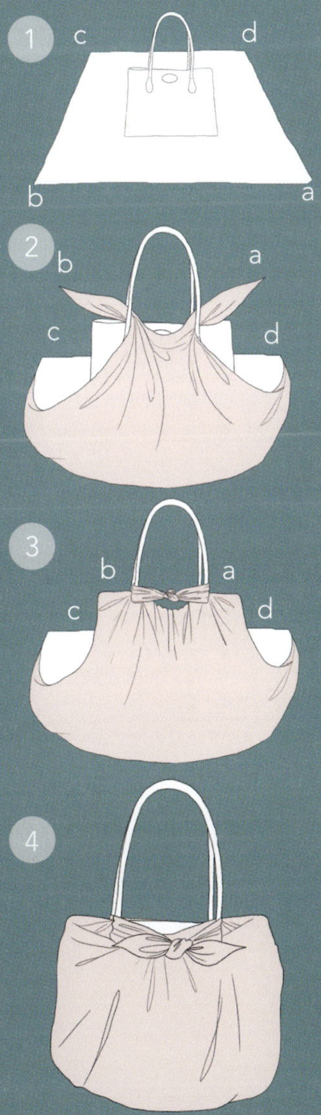

Variante mit zwei Ringen

1. Tuch mit der linken Seite nach oben ausbreiten.
2. Die Schritte 2 bis 4 des Wraps von Seite 34 an den beiden Ringen ausführen.

Variante mit einem Henkel

1. Tuch mit der linken Seite nach oben ausbreiten. Die Tasche in der Mitte platzieren, den Henkel parallel zu den Kanten **ad** und **bc**.
2. Die Schritte 2 bis 4 des Wraps von Seite 34 an beiden Ringen des Henkels ausführen. Statt eines Kreuzknotens kann man auch einen Schmetterlingsknoten binden (siehe S. 13) oder mithilfe eines Gummirings eine Blüte bilden (siehe S. 73).
3. Statt einer festen Tasche kann man auch einen Griff mit Ringen an jedem Ende verwenden.

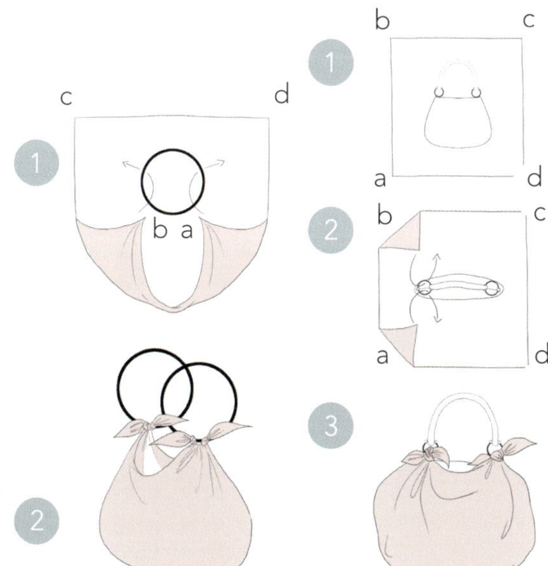

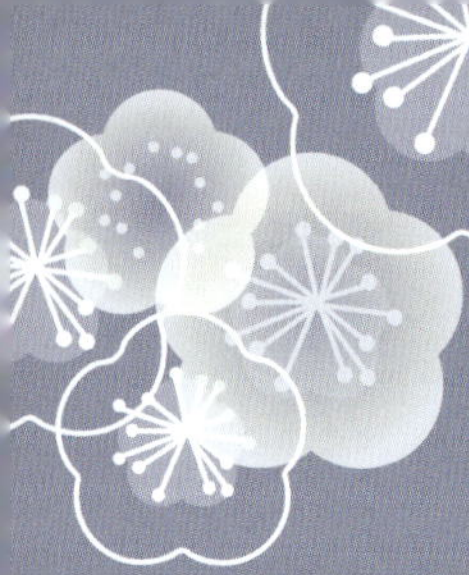

Laptop-Tasche – **nôtopasokon-tsutsumi**

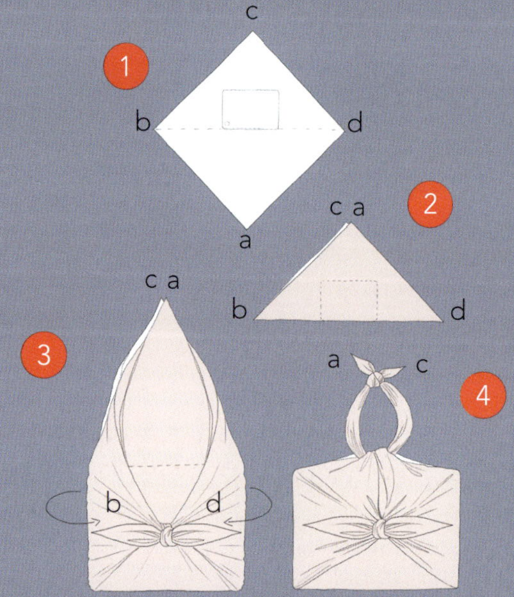

Größen

105 cm: für einen Laptop, eine Archivbox, eine Aktenmappe oder einen Schuhkarton

Verwendung

Ein originelles Transportmittel für Ihren Laptop! Entknotet können Sie die Hülle auf der Liegewiese oder am Strand als Decke und Unterlage für Ihren Laptop benutzen. Diese Hülle eignet sich auch zum Transport von Archivboxen, Schuhkartons und anderen rechteckigen, länglichen Gegenständen.

Variante

Büchertasche für die Bibliothek: um große Formate zu transportieren (Kunstbücher, Alben, Comics, Zeitschriften)

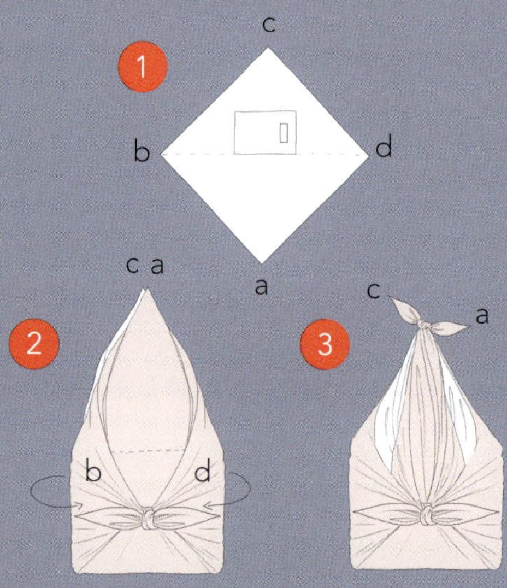

Knoten-Wrap

1. Tuch mit der linken Seite nach oben ausbreiten. Den Laptop und das Zubehör so platzieren, dass die untere Kante auf der Linie **bd** liegt.
2. Die Ecke **a** auf **c** legen, sodass ein Dreieck entsteht.
3. **b** und **d** zu einem Kreuzknoten binden, dabei fest anziehen.
4. **a** und **c** zu einem gezwirbelten Henkel (siehe S. 12) binden.

Variante: Büchertasche für die Bibliothek

1. Tuch mit der linken Seite nach oben ausbreiten. Die Bücher beginnend beim größten übereinanderstapeln und so platzieren, dass die untere Kante auf der Linie **bd** liegt.
2. Die Schritte 2 und 3 des Knoten-Wraps von Seite 36 ausführen.
3. **a** und **c** zu einem Kreuzknoten binden.

Wenn das Verstauen schnell gehen soll, können Sie bereits vorab einen Kreuzknoten an der oberen Dreiecksspitze vorbereiten. Sie müssen dann nur noch die Bücher nacheinander in das Tuch schieben und anschließend mit einem Kreuzknoten der Zipfel **b** und **d** sichern.

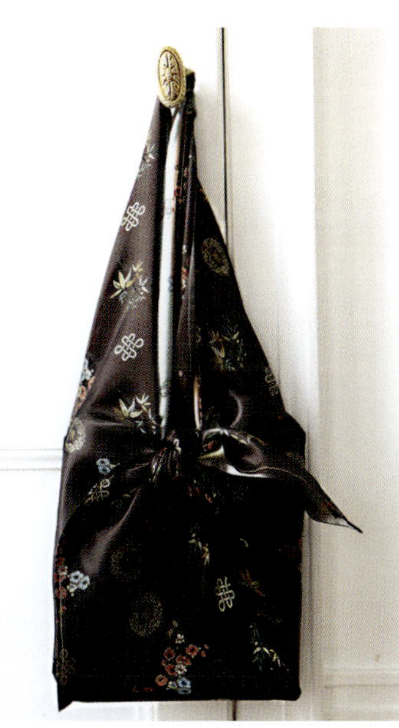

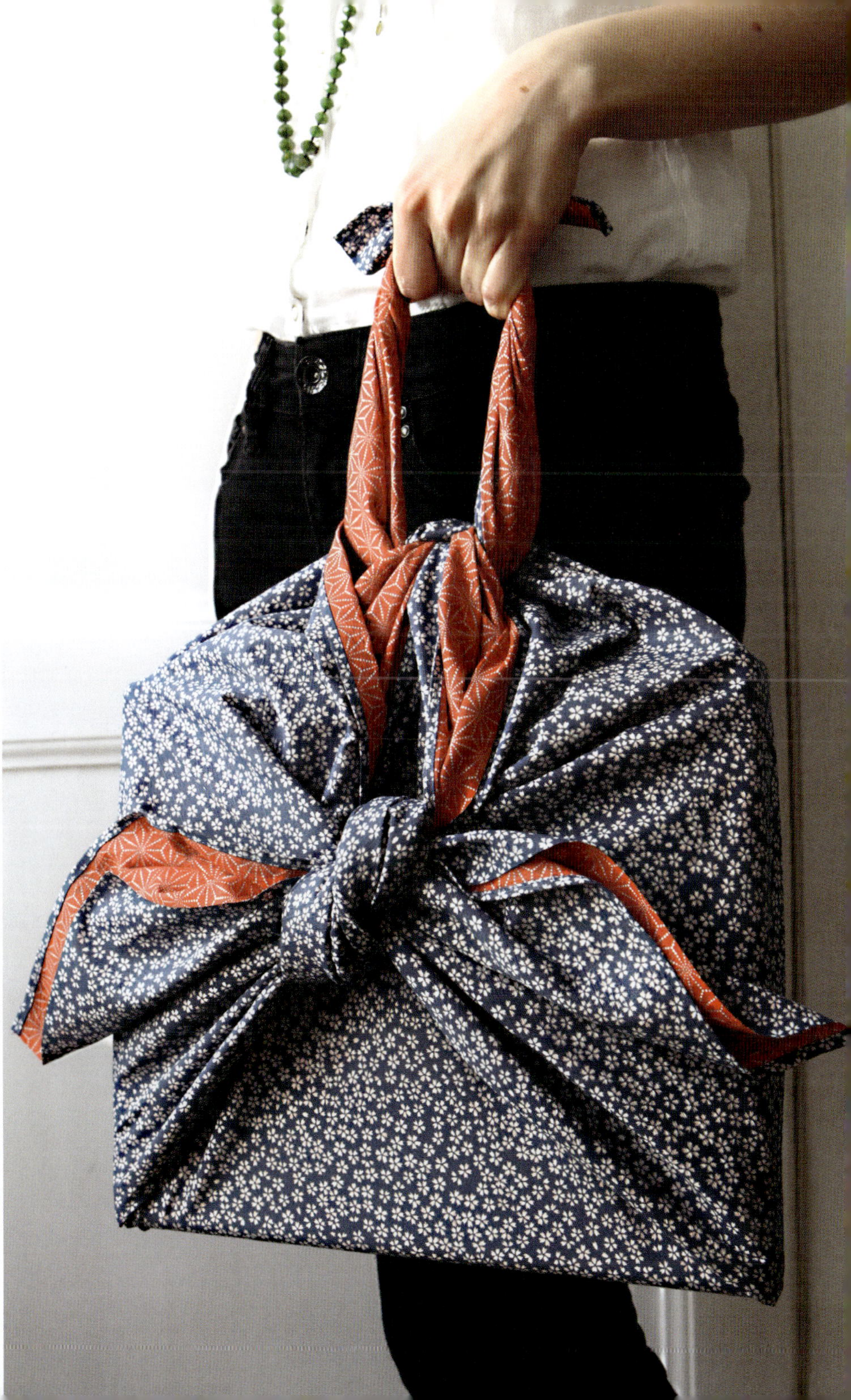

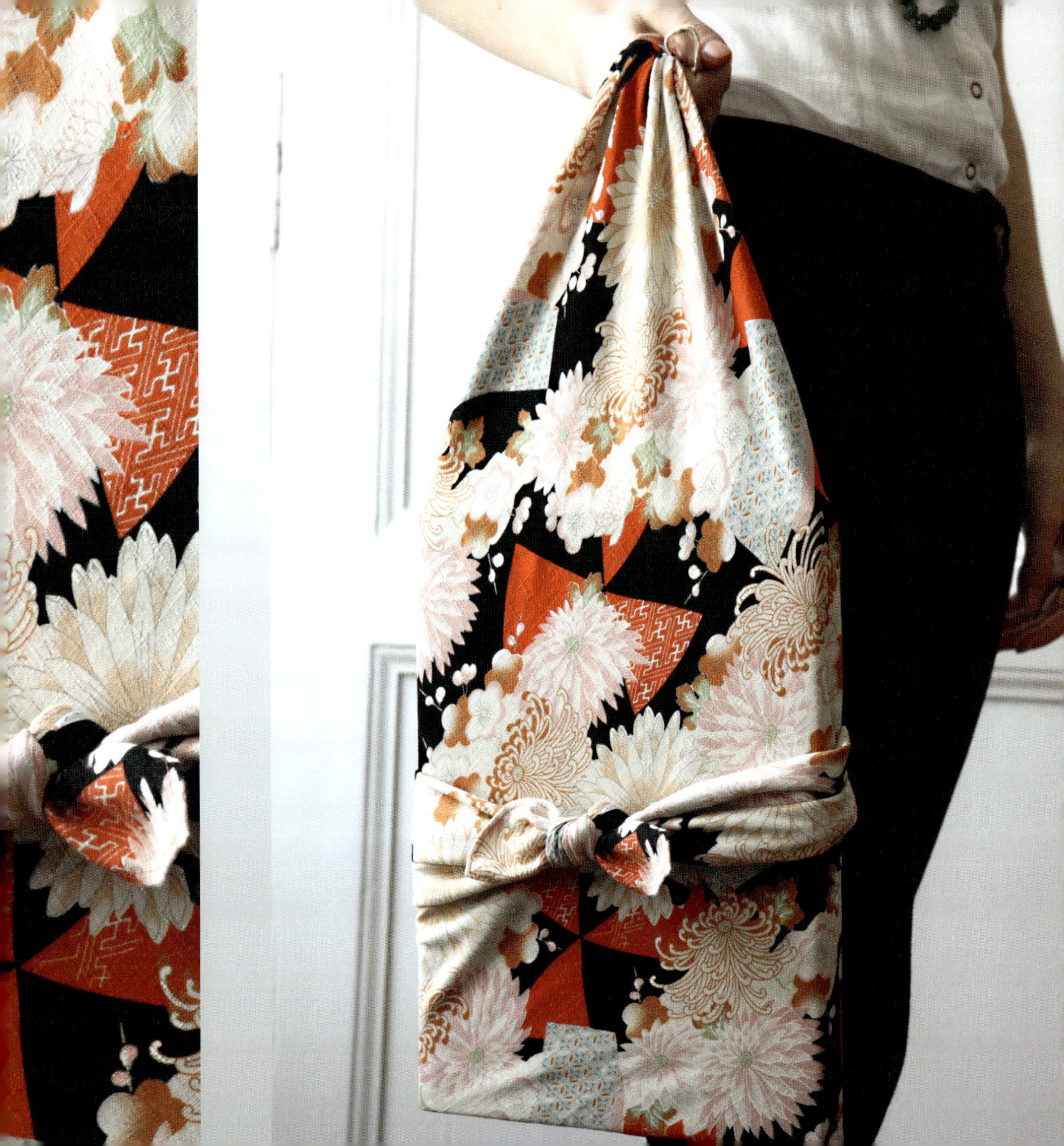

Büchertasche - *hon-tsutsumi*

Größen

90 cm: für ein großformatiges Buch
105 cm: für mehrere großformatige Bücher gleicher Größe

Verwendung

Dieser Wrap ist sowohl eine Tasche als auch eine Geschenkverpackung. Man kann damit Bücher transportieren und als Geschenk überreichen. Er ist auch geeignet, um kleine Bilder, Spiegel oder Schallplatten zu tragen.

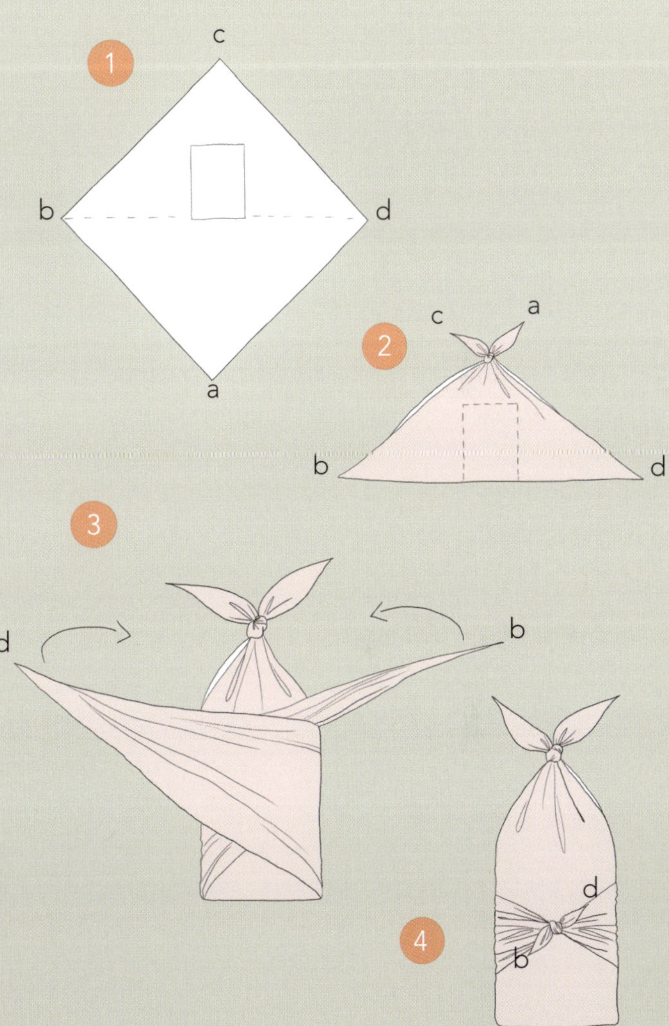

Knoten-Wrap

1. Tuch mit der linken Seite nach oben ausbreiten. Das Buch hochkant auf dem Tuch platzieren, sodass die untere Kante auf der Linie **bd** liegt.
2. Die Ecke **a** auf **c** legen, sodass ein Dreieck entsteht, und die Zipfel zu einem Kreuzknoten binden.
3. Das verhüllte Buch anheben, **b** und **d** vor der Buchmitte kreuzen und die Zipfel nach hinten führen.
4. Das Buch wieder auf den Tisch legen und **b** und **d** zu einem festen Kreuzknoten binden.

Um das Buch zu tragen, schieben Sie den Arm unter dem Knoten aus **a** und **c** durch, sodass der Knoten aus **b** und **d** nach außen zeigt.

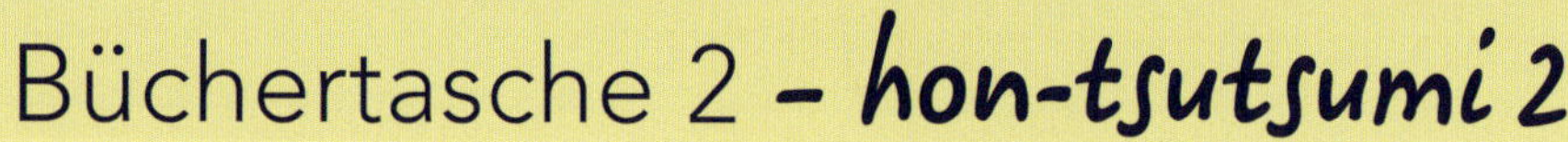

Büchertasche 2 – hon-tsutsumi 2

Größen

70 cm: für Taschenbücher
(maximal 15 x 21 x 1,5 cm)
90 cm: für mittelgroße Bücher
(maximal 20 x 29 x 1,5 cm)
105 cm: für großformatige Bücher
(maximal 24 x 32 x 5 cm)

Verwendung

Dieser Wrap eignet sich zum Transport von Büchern, Zeitschriften oder anderen flachen Gegenständen im Zweierpack (z. B. Band 1 und 2). Er ist auch hübsch als Geschenkverpackung und macht sich gut unter dem Weihnachtsbaum.

Knoten-Wrap

1. Tuch mit der linken Seite nach oben ausbreiten. Die Bücher nebeneinander und in einem Abstand von ca. 3–4 cm mittig auf Linie **bd** platzieren.
2. Jedes Buch 1- bis 2-mal (abhängig von der Tuchgröße) in Richtung **b** bzw. **d** umklappen.
3. Die Ecken **b** bzw. **d** über jedes Buch legen.
4. Die Bücher einwickeln, bis sie an ihrem Ausgangspunkt liegen.
5. **a** und **c** straff vor den Büchern kreuzen. Das linke auf das rechte Buch legen.
6. Die verhüllten Bücher anheben und **a** und **c** zu einem Kreuzknoten binden.

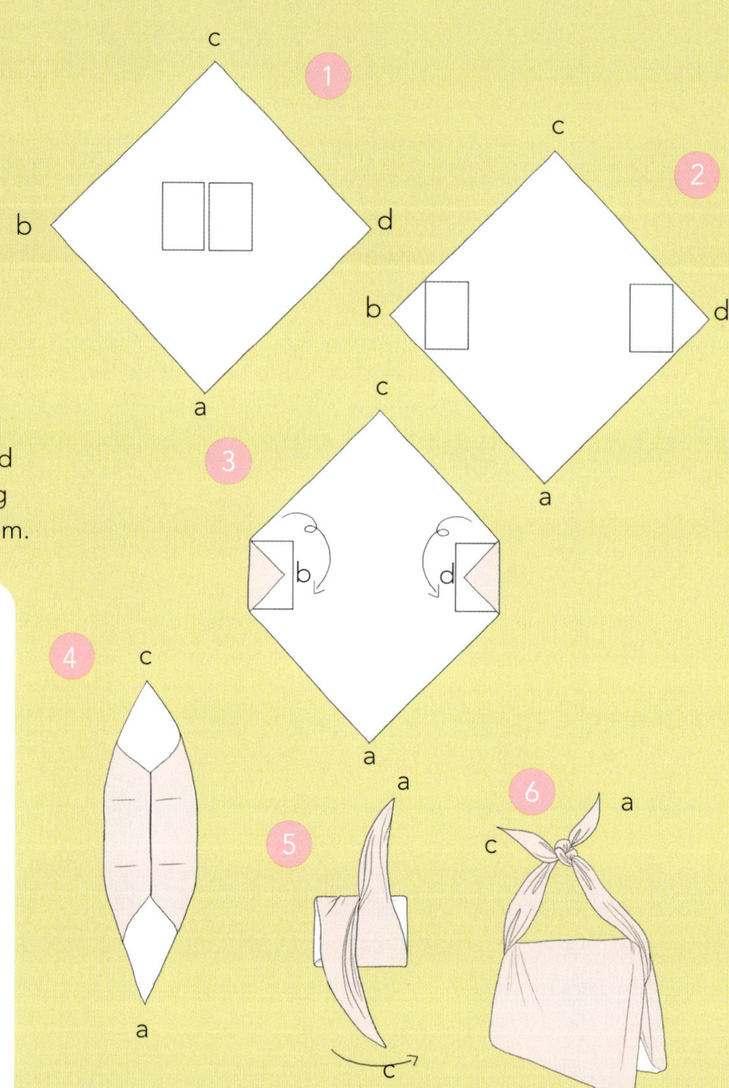

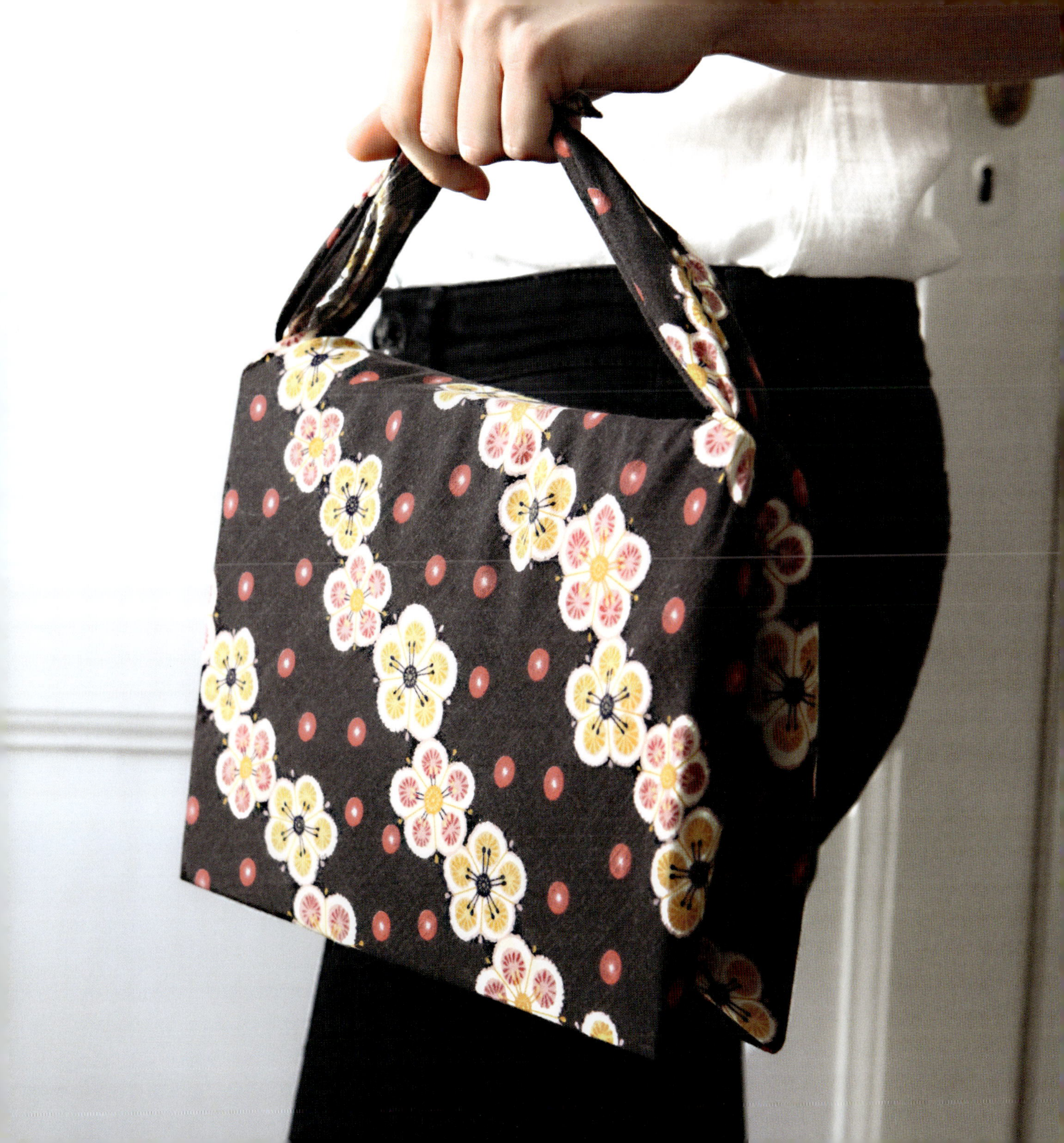

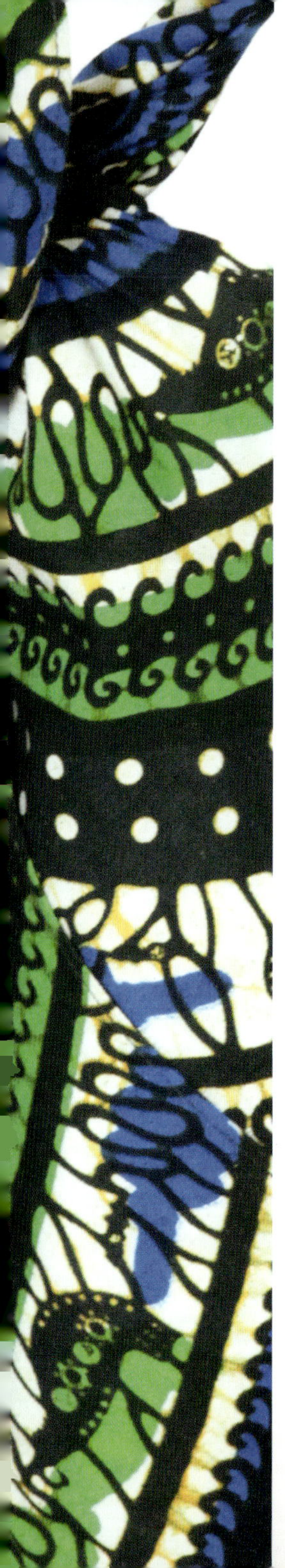

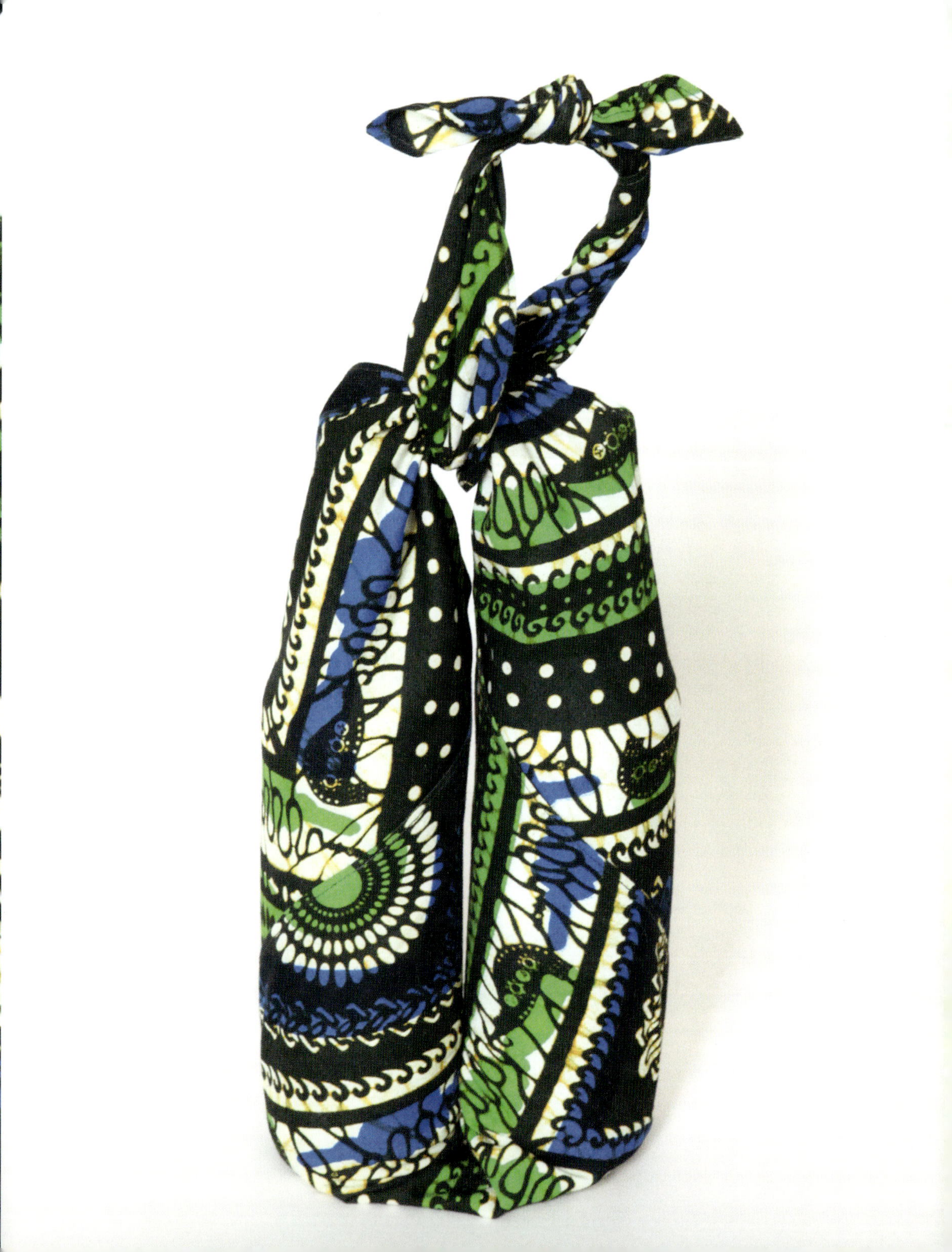

Tragetasche für Flaschen
bin nihon-tsutsumi

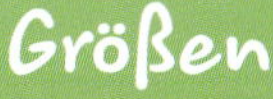

Größen

70 cm: für Babyflaschen, Kaffee- oder Teedosen
90 cm: für Wein-, Wasser-, Saft- oder Milchflaschen oder für ein Paar Schuhe
105 cm: für alle Flaschen, auch Magnumgrößen

Verwendung

Der Wrap ist für alle Flaschen geeignet, sowohl aus Kunststoff, als auch aus Glas. Er ist ideal für die Abendeinladung, das Picknick oder die Reise, denn die Flaschen sind gut geschützt. Auf diese Weise lässt sich auch ein Paar Schuhe transportieren.

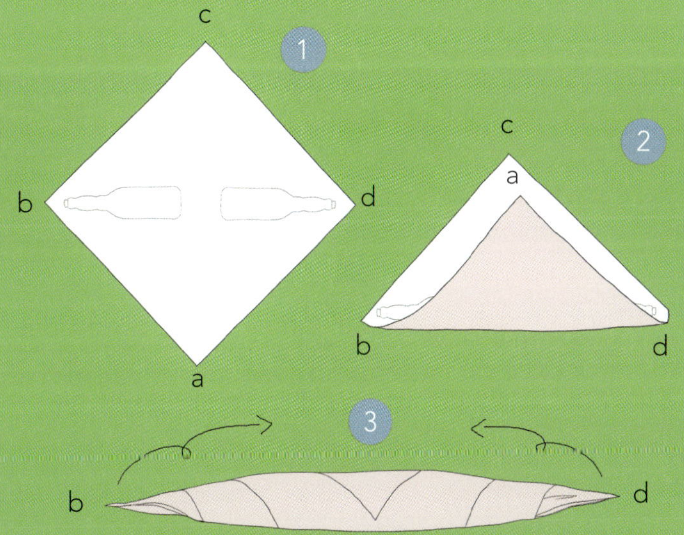

Knoten-Wrap

1. Tuch mit der linken Seite nach oben ausbreiten. Die beiden Flaschen mit dem Boden zueinander und in einem Abstand von 3–4 cm auf der Linie **bd** platzieren.
2. Ecke **a** in Richtung **c** falten und dabei einen Abstand von ca. 5 cm zwischen den beiden Ecken lassen.
3. Die beiden Flaschen bis zur Ecke **c** aufrollen, ohne dass sich Falten bilden. Die beiden Flaschen so aufstellen, dass die Spitzen von **a** und **c** im Zwischenraum festgeklemmt werden.
4. Mit **b** und **d** einen gedrillten Henkel bilden (siehe S. 12). Dabei den ersten Knoten vollständig bis zu den Flaschen anziehen.

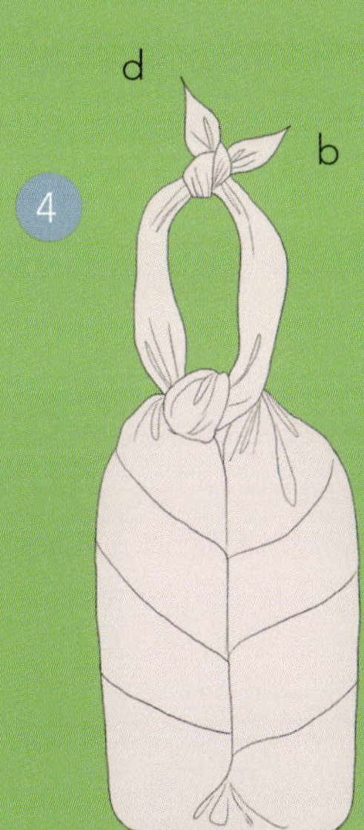

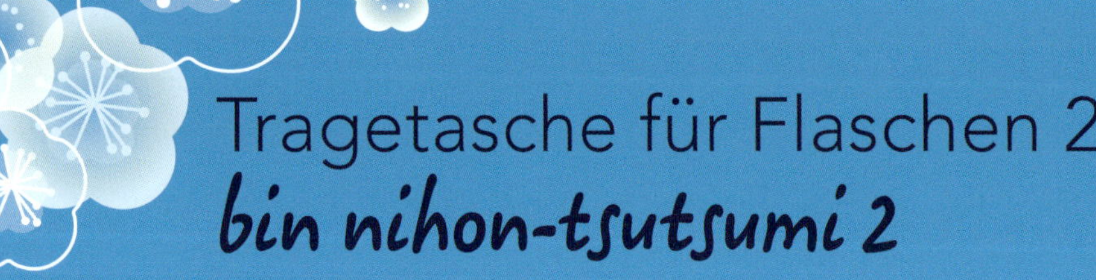

Tragetasche für Flaschen 2
bin nihon-tsutsumi 2

Größen

50 cm: für Bierdosen, Marmeladengläser, Konserven, Tee- und Kaffeedosen, eine kleine Flasche Öl oder Essig usw.
70 cm: für Wein-, Wasser-, Milchflaschen usw.

Verwendung

Der Wrap ist für alle Flaschen geeignet, sowohl aus Kunststoff, als auch aus Glas. Die Tragetasche ist perfekt für Einkäufe beim Weinhändler und sieht auch als Tischdekoration gut aus.

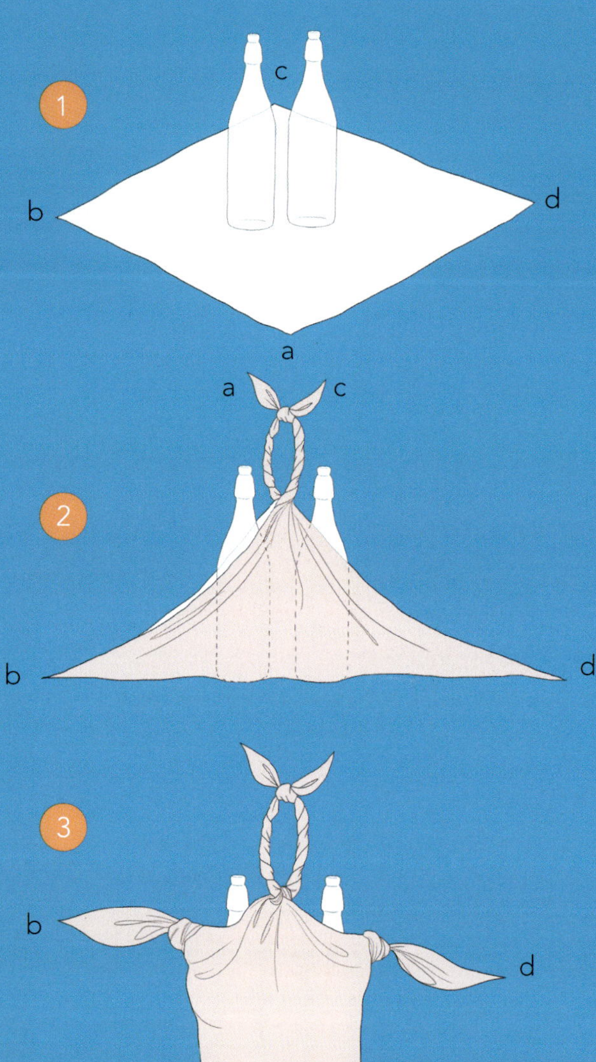

Knoten-Wrap

1. Tuch mit der linken Seite nach oben ausbreiten. Die beiden Flaschen nebeneinander in die Mitte des Tuches auf die Linie **bd** stellen.
2. Mit **a** und **c** einen gezwirbelten Henkel bilden (siehe S. 12). Dabei den ersten Knoten bis unterhalb des Flaschenhalses anziehen.
3. Zipfel **b** dicht neben der Flasche zu einem einfachen Knoten schlingen. Mit Zipfel **d** wiederholen.

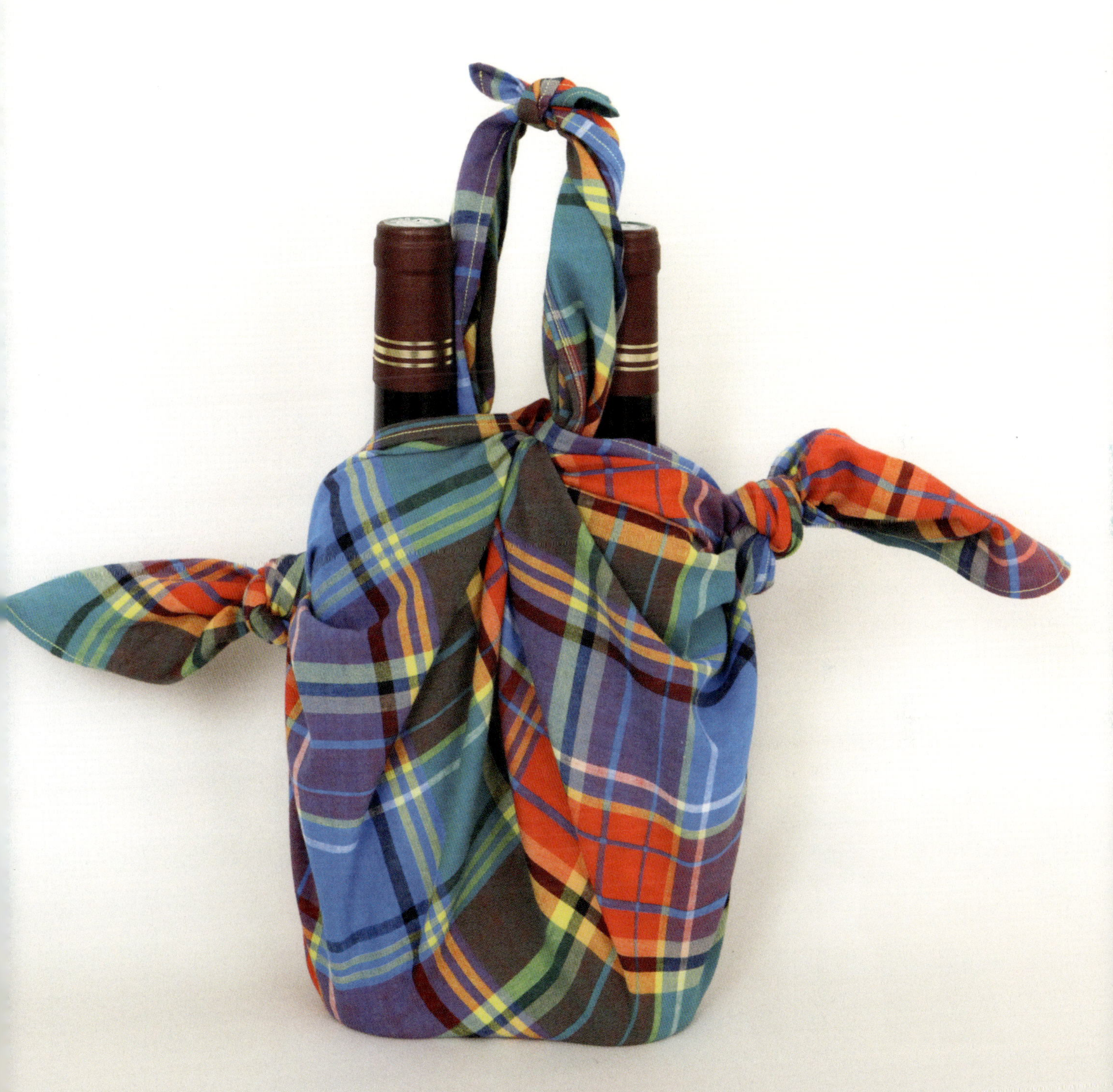

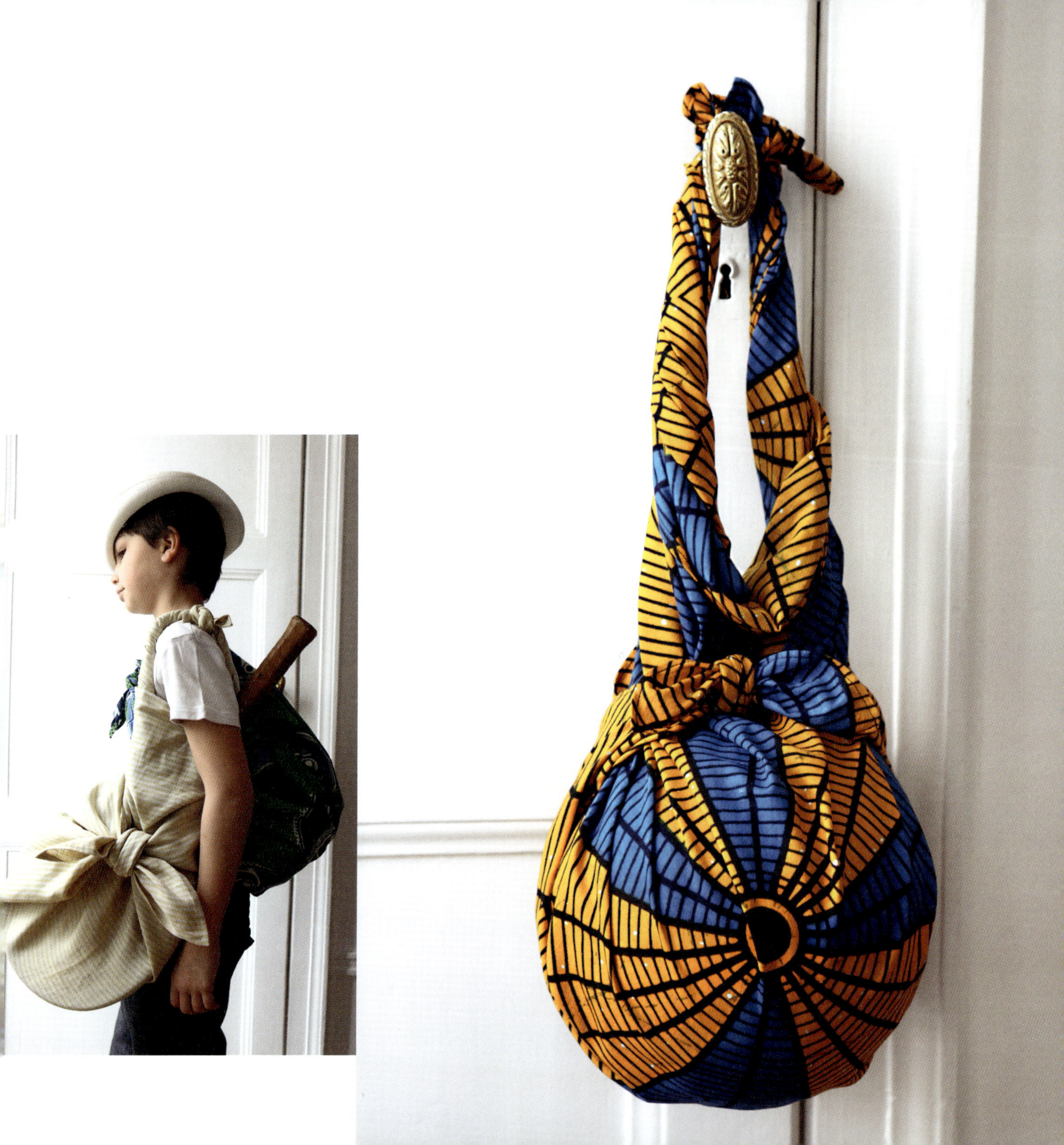

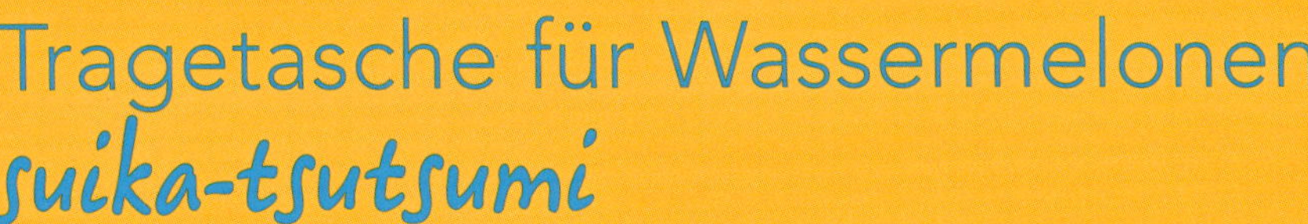

Tragetasche für Wassermelonen
suika-tsutsumi

Größen

50 cm: für einen Ball oder eine Frucht mit einem Durchmesser von 32 cm
70 cm: für einen Ball oder eine Frucht mit einem Durchmesser von 66 cm
90 cm: für einen Ball oder eine Frucht mit einem Durchmesser zwischen 66 und 84 cm, einen Hut oder einen Badmintonschläger
105 cm: für einen Tennisschläger

Verwendung

Ursprünglich wurde dieser Wrap zum Tragen einer Wassermelone verwendet. Aber man kann ihn auch für Sportequipment wie Schläger oder Bälle verwenden.

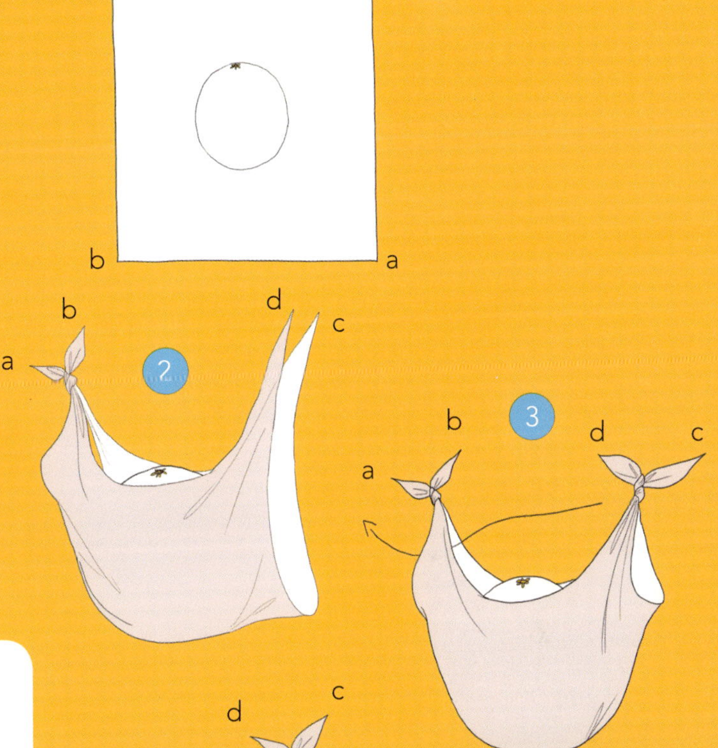

Knoten-Wrap

1. Tuch mit der linken Seite nach oben ausbreiten. Die Frucht oder den Ball in der Mitte platzieren.
2. **a** und **b** zu einem Kreuzknoten binden.
3. Mit **c** und **d** wiederholen. Den Knoten **cd** durch die Öffnung unter **ab** durchziehen.
4. Den Henkel zwirbeln.

Tragetasche für eine Gitarre
gitâ-tsutsumi

Größen
Ab 150 cm: abhängig von der Gitarrengröße

Verwendung
Entknotet können Sie das Tuch als Decke verwenden, wenn Sie sich in der Stadt oder am Strand niederlassen und zur Gitarre ein Liedchen schmettern. Kleinere, fragilere Musikinstrumente wie Geige, Klarinette, Ukulele usw. sollten Sie im stabilen Kasten lassen, bevor Sie sie in ein etwas kleineres Furoshiki hüllen.

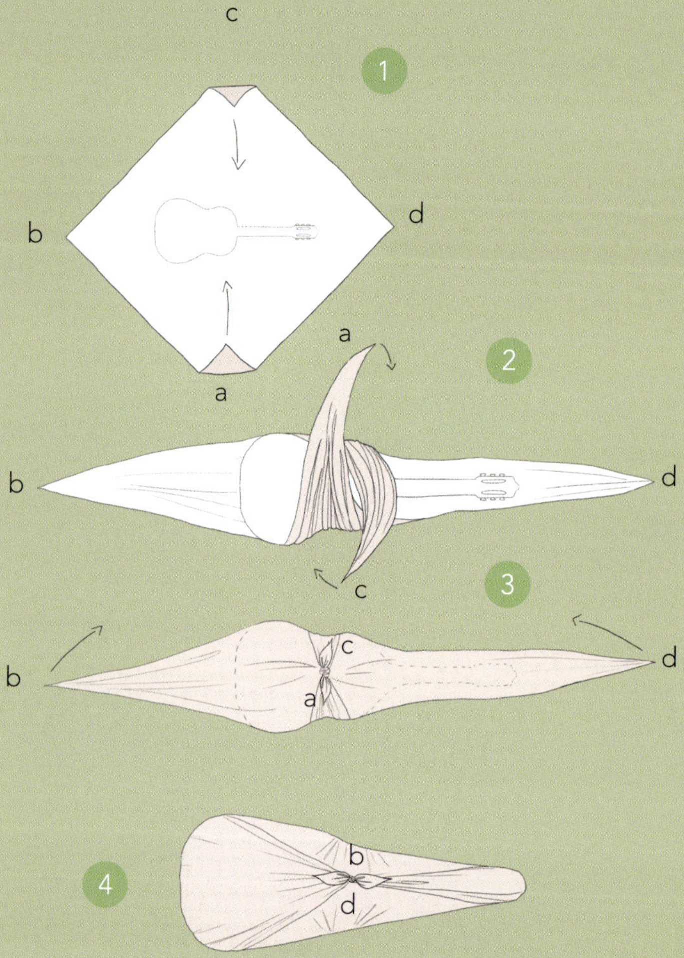

Knoten-Wrap
1. Tuch mit der linken Seite nach oben ausbreiten. Die Gitarre mit den Saiten nach unten mittig auf der Linie **bd** platzieren.
2. **a** und **c** kreuzen, das Instrument umdrehen, dabei die Zipfel auf die Vorderseite führen
3. Einen straffen Kreuzknoten ausführen, um das Instrument zu sichern.
4. Die Gitarre erneut umdrehen und **b** und **d** zu einem Kreuzknoten binden.

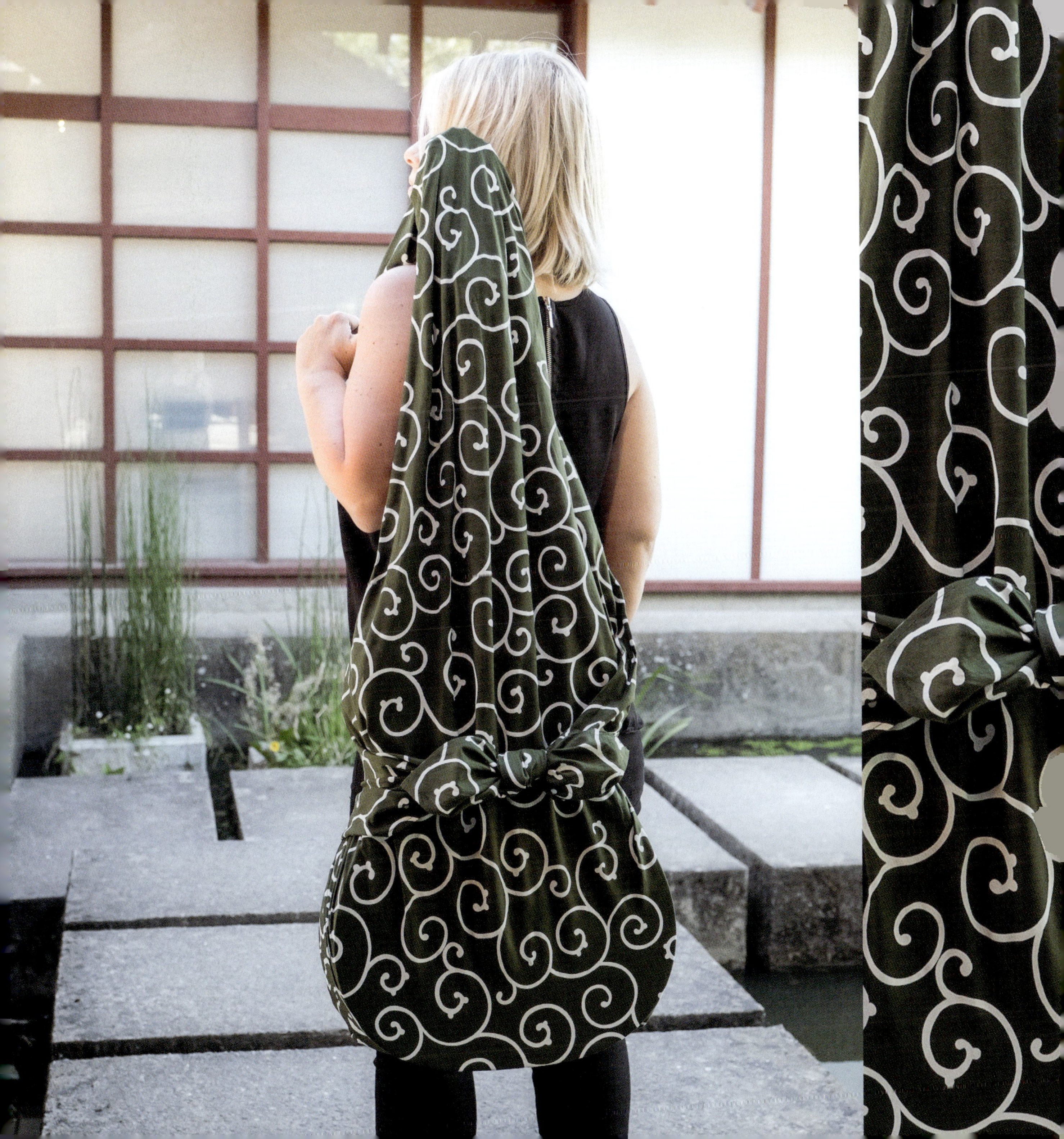

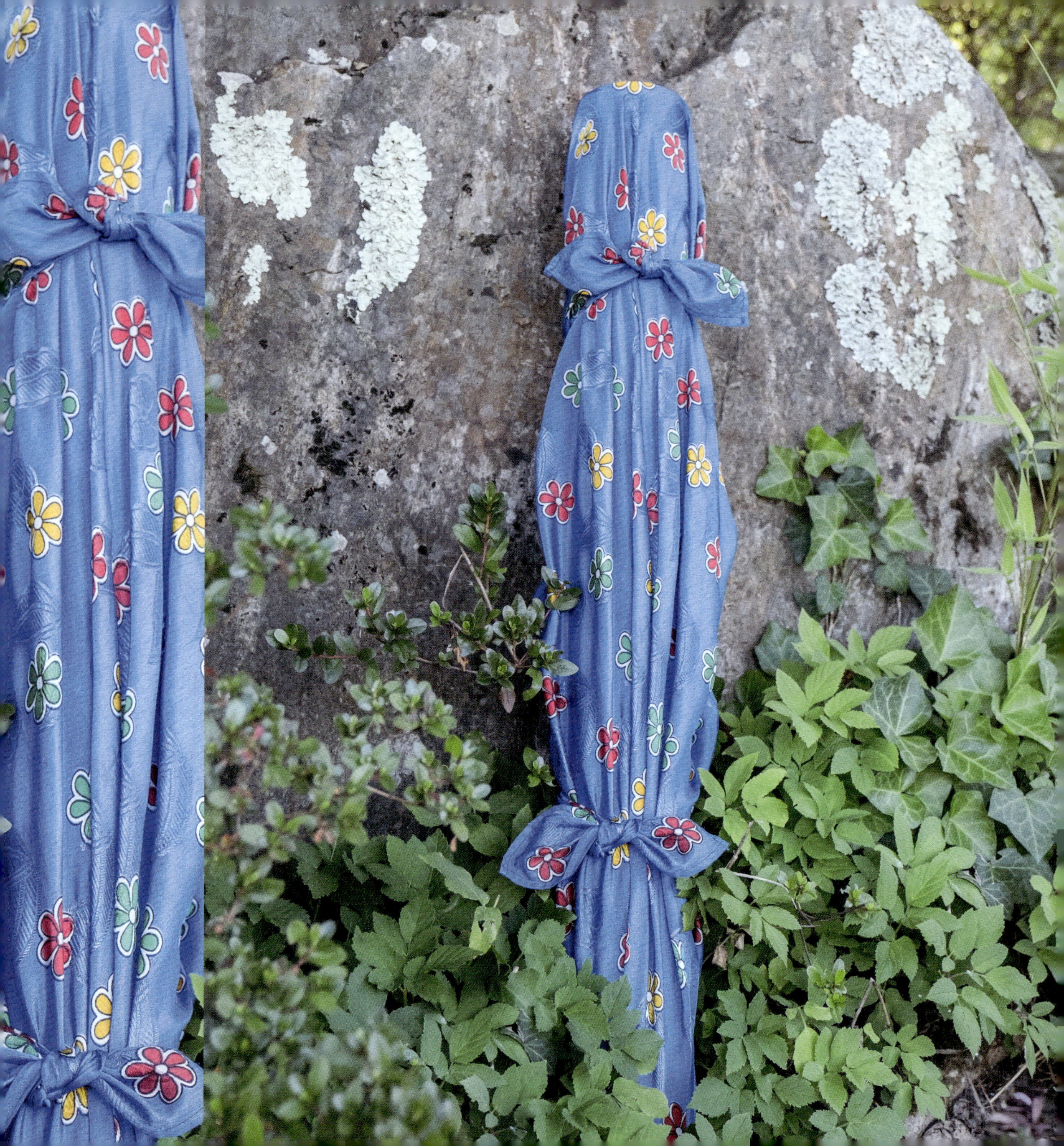

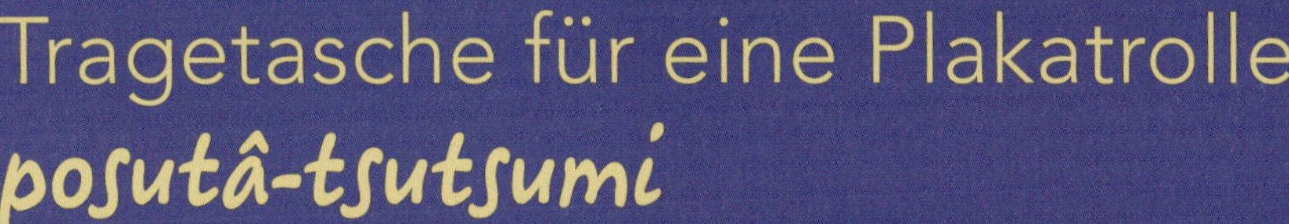

Tragetasche für eine Plakatrolle
posutâ-tsutsumi

Größen

90 cm: für ein Baguette oder eine Brotstange
118/130 cm: für eine Plakatrolle, einen Schirm, ein Zwei-Mann-Zelt, eine Bodenmatte, einen klein zusammengefalteten Schlafsack

Verwendung

Dieser Wrap eignet sich hervorragend, um zylindrische Gegenstände wie gerollte Pläne, Zeichnungen, Plakate oder ein Kakemono (japanisches Rollbild) zu transportieren.

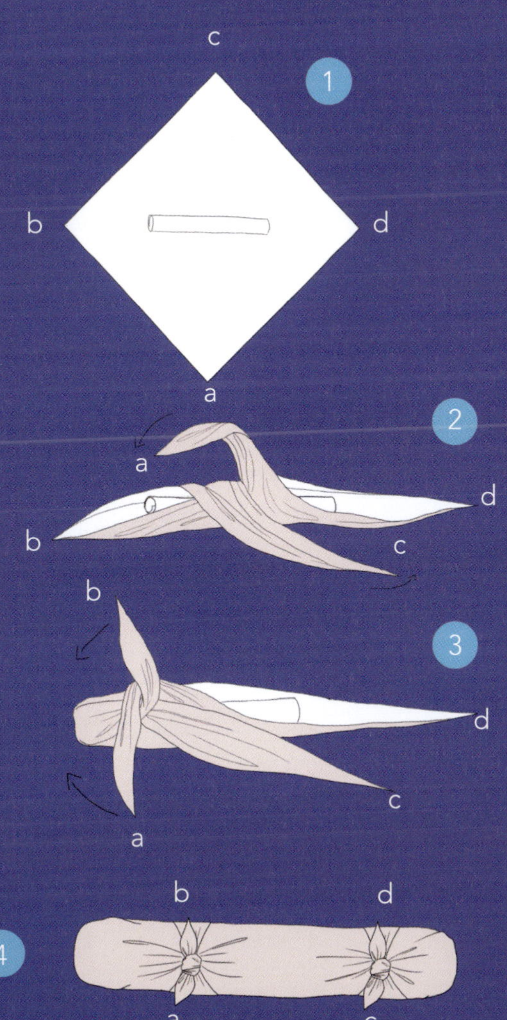

Knoten-Wrap

1. Tuch mit der linken Seite nach oben ausbreiten. Die Rolle entlang der Linie **bd** platzieren.
2. **a** und **c** kreuzen, wobei **a** rechts von **c** liegt. Das Tuch straff halten.
3. **a** und **b** kreuzen, den eingewickelten Gegenstand umdrehen und die beiden Zipfel auf der Oberseite zu einem Kreuzknoten binden.
4. Schritt 3 mit **c** und **d** wiederholen.

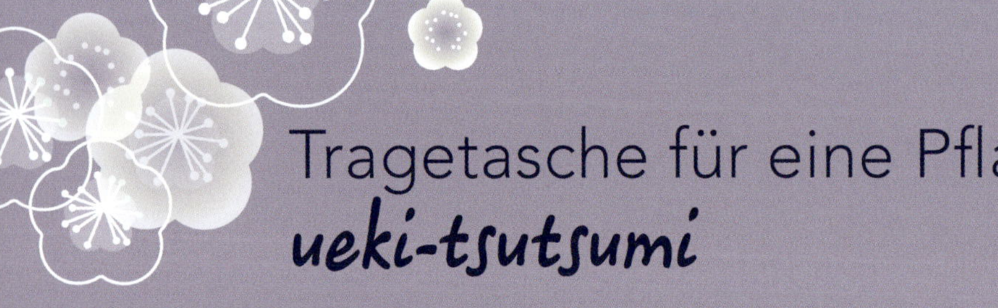

Tragetasche für eine Pflanze
ueki-tsutsumi

Größen

50 cm: für einen Topf mit 10 cm Durchmesser und einer Höhe von 10 cm
70 cm: für einen Topf mit 18 cm Durchmesser und einer Höhe von 15 cm
90 cm: für einen Topf mit 26 cm Durchmesser und einer Höhe von 20 cm
105/118 cm: für einen Topf mit 36 cm Durchmesser und einer Höhe von 25 cm

Verwendung

Um einen Blumentopf zu transportieren, ihn zu verschenken oder aufzuhängen. Im letzten Fall sollten Sie darauf achten, dass er nicht zu schwer ist.

Knoten-Wrap

1. Tuch mit der linken Seite nach oben ausbreiten. Die Ecken **a** und **c** so zur Mitte hin falten, dass die Breite des Umschlags in etwa der Höhe des Blumentopfes entspricht. Den Blumentopf in der Mitte platzieren.
2. Die Umschläge an den Topfseiten nach oben klappen und die **b** und **d** beidseits des Topfes fassen.
3. Die beiden Zipfel zwirbeln.
4. **b** und **d** zu einem Kreuzknoten binden.

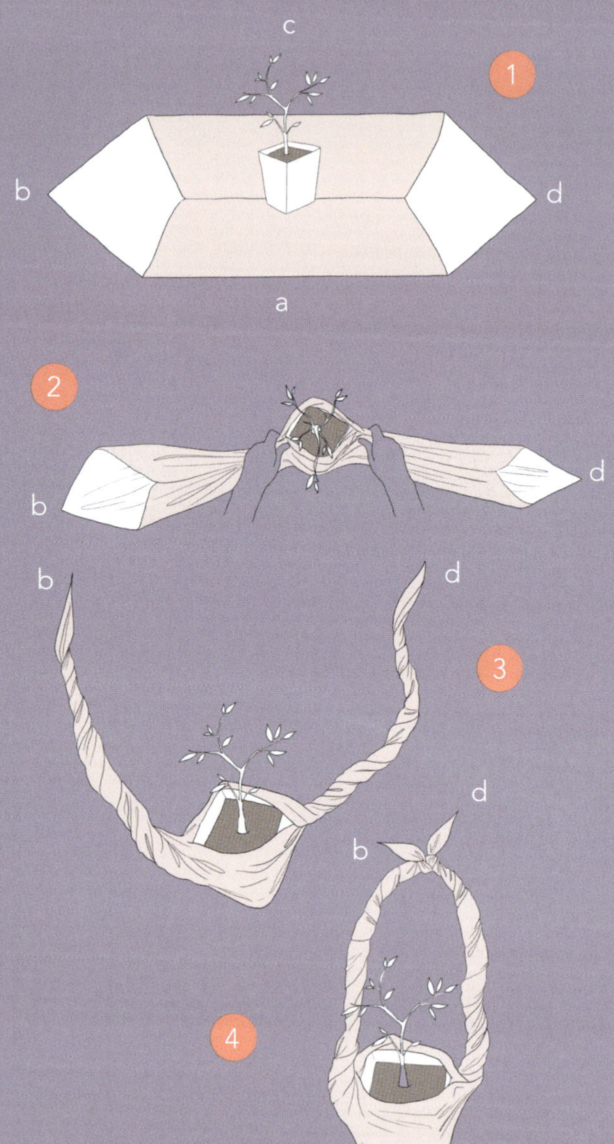

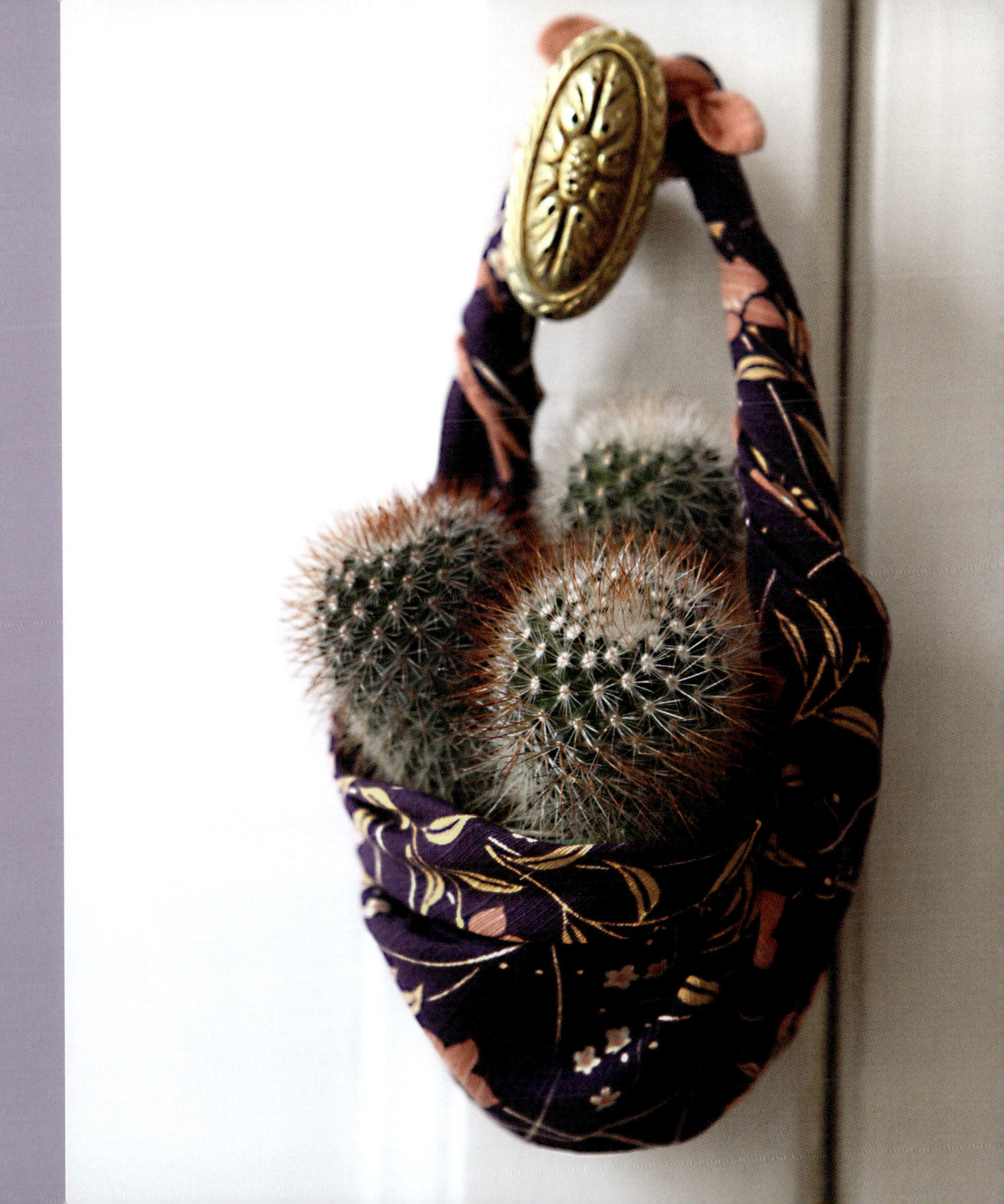

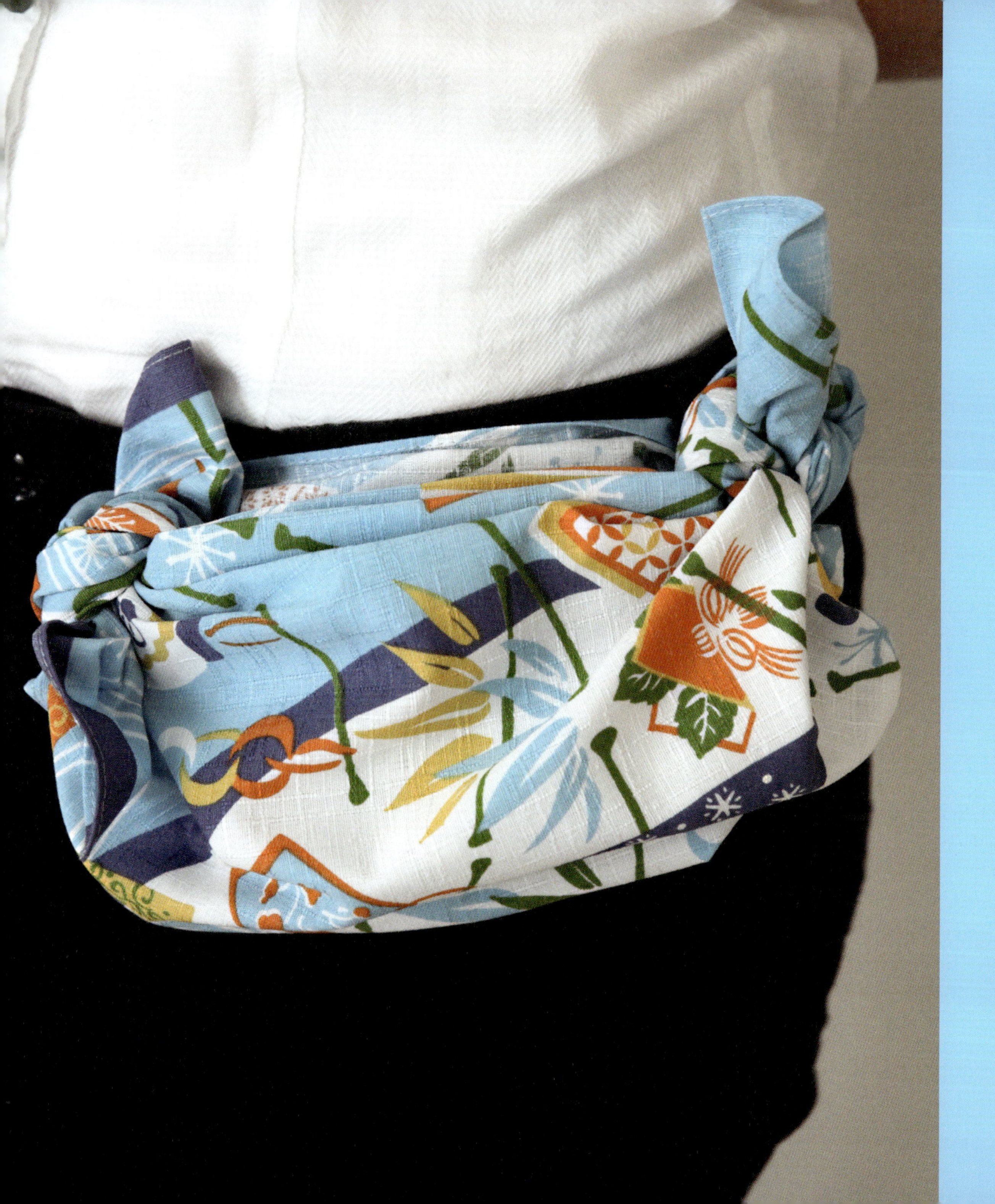

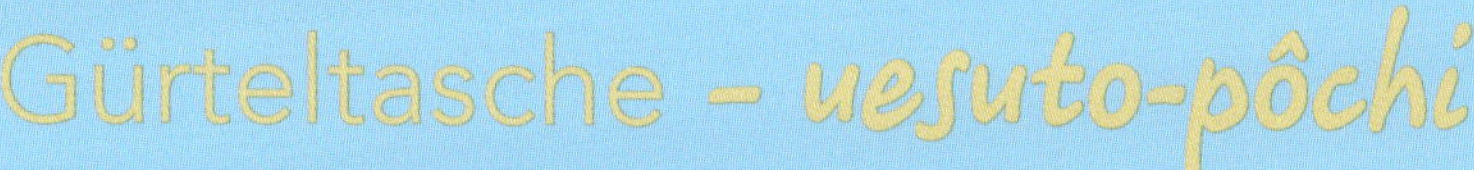

Gürteltasche – *uesuto-pôchi*

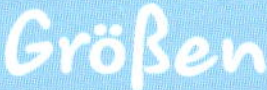

Größen

50 cm: um kleine Gegenstände am Gürtel zu tragen

Verwendung

Sehr praktisch, um einen kleinen Fotoapparat, das Smartphone oder andere kleine Gegenstände wie Schlüssel, Geldbörse usw. zu verstauen, wenn man keine Taschen hat oder vermeiden möchte, dass sie sich ausbeulen. Ein Bandana, neu oder secondhand, ist perfekt für diesen Wrap. Er ist auch nützlich als Getränkehalter auf Festivals, als Portemonnaie auf der Kirmes oder für Handwerker, um Schrauben griffbereit zu haben.

Knoten-Wrap

1. **a** durch eine Gürtelschlaufe ziehen und **b** durch die nächstgelegene Schlaufe.
2. **a** und **d** zu einem Kreuzknoten binden. Dies mit **b** und c wiederholen.

1

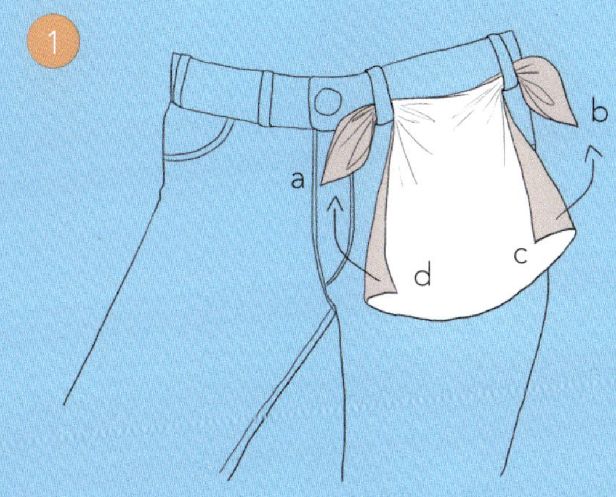

2

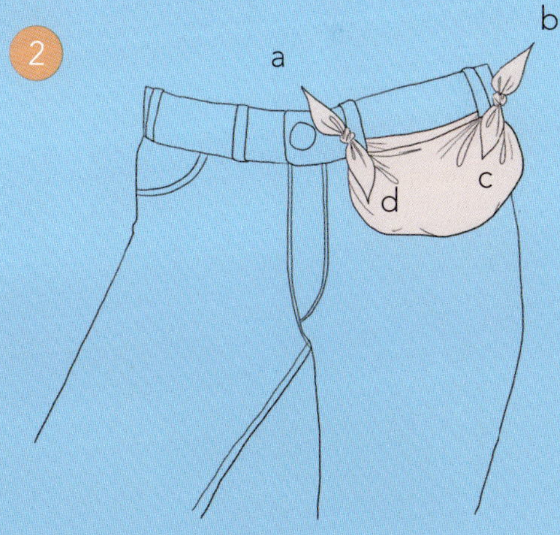

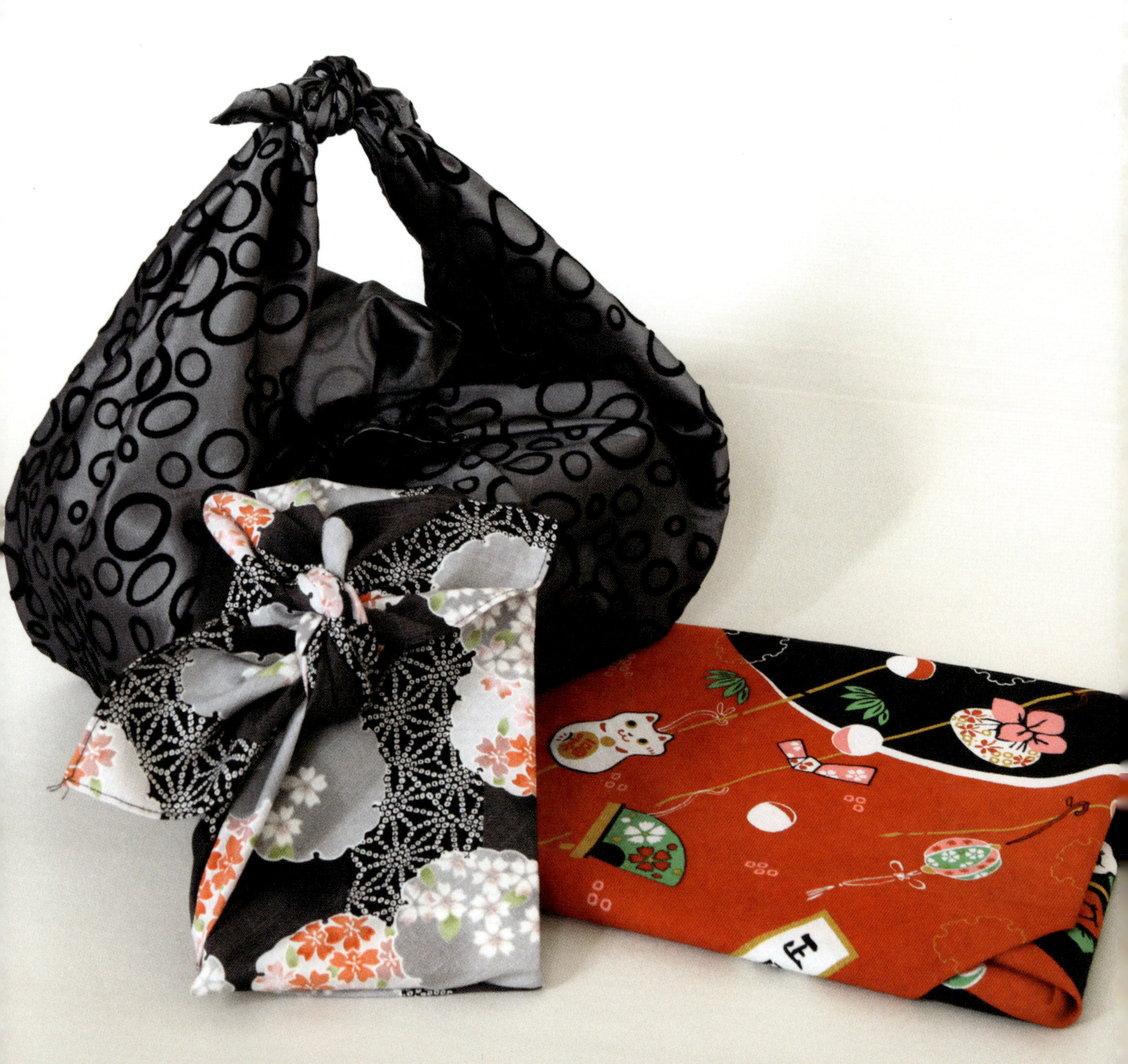

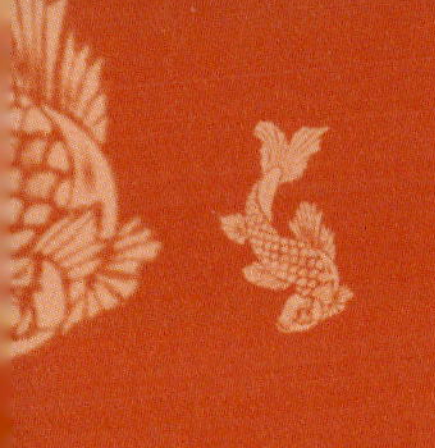

Geschenkverpackungen

Ein Furoshiki ist eine originelle Alternative zu Geschenkpapier. Da es weich ist, lässt es sich auch gut an unregelmäßige Formen anpassen, die oft schwierig zu verpacken sind.
In Japan wird das Geschenk normalerweise in eine Schachtel gelegt, bevor man es mit einem Furoshiki verpackt. Doch kann man – umweltbewusst und geldsparend – auch auf eine Schachtel verzichten und das Geschenk direkt einpacken.
Ganz entscheidend bei einem Geschenk ist die Ästhetik der Verpackung. Daher muss man die Knoten sorgfältig ausführen – nicht zu locker, nicht zu fest – und die Zipfel perfekt ausrichten. Wenn Sie ein Doubleface-Tuch verwenden, können Sie auch mit den zwei „schönen" Seiten spielen.
Das Furoshiki hat einige Vorteile gegenüber Geschenkpapier: Man kann so lange Fehler machen und diese korrigieren, bis das Geschenk perfekt verpackt ist. Vermutlich werden Sie mehrere Versuche brauchen, bevor Sie den optimalen Wrap gefunden haben, der perfekt zur Form des Geschenks, zum Material und zum Muster des Stoffes passt.
Während der Furoshiki-Wrap für den Transport schnell angefertigt werden kann, braucht der Geschenk-Wrap seine Zeit und muss in Ruhe, achtsam und fantasievoll angegangen werden.

Tipp

Die Größe des benötigten Tuches lässt sich einfach berechnen: Man muss den Gegenstand drei Mal auf die Diagonale legen können. Wenn das Tuch ein zentrales Motiv an einer der Ecken aufweist, wird diese Ecke als Punkt c deklariert (siehe die Skizze auf S. 59). Auf diese Weise ist das Motiv nach dem Falten auf der Vorderseite zu sehen.

Materialien

Man kann nahezu jeden Stoff verwenden außer sehr festem Gewebe, das sich nur schwer knoten lässt.
Seide, Seidenkrepp, Polyester oder Rayon werden insbesondere für raffinierte und festliche Wraps bevorzugt. Auch Satin ist geeignet.
Baumwolle, Baumwollvoile oder Leinen können sowohl für Geschenke als auch für die Verpackung von Alltagsgegenständen (Lunchbox, Taschentuchbox, Körbe) verwendet werden.
Fleece-Stoffe sind hübsch für große Kindergeschenke. Entknotet können sie als Decke, Umhang oder Tischdecke verwendet werden.
Die häufig verwendeten Doubleface-Furoshiki aus Polyester, Seide oder Baumwolle erlauben das Spiel mit unterschiedlichen Farben und Mustern.
Recycelte Tücher eignen sich perfekt als Verpackungsmaterial: quadratische Schals aus Seide oder Synthetik, Bandanas, kleine bestickte Taschentücher, Servietten oder auch Stoffreste.

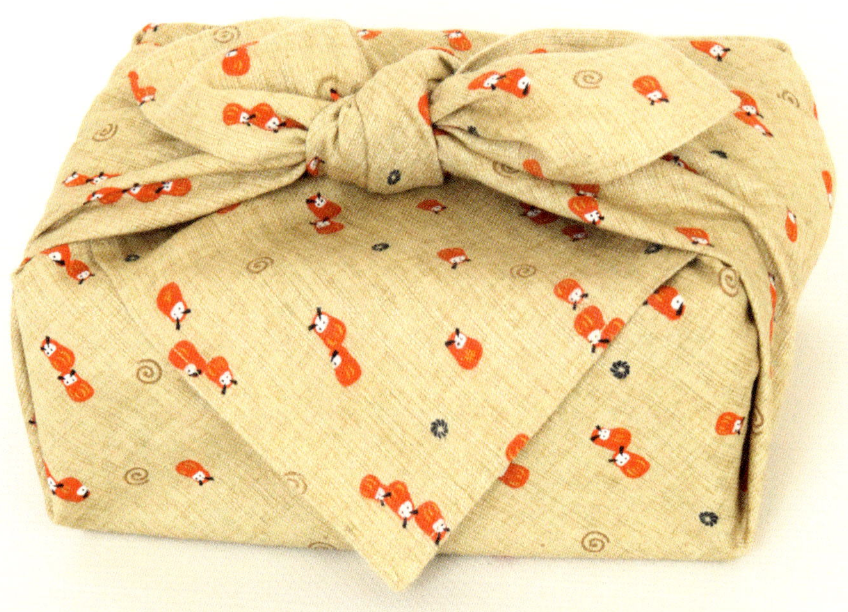

Varianten

Verpackung mit einem verdeckten Knoten – *kakushi-tsutsumi*: Auf diese Art und Weise lässt sich ein besonderes Schmuckmotiv des Tuches in den Fokus setzen.

Größen

50 cm: für eine Bento-Box, eine Schmuckschatulle, eine Pralinenschachtel, maximal 20 x 14 x 7 cm groß
70 cm: am vielseitigsten; für eine Schachtel, ungefähr 23 x 17 x 10 cm groß

Verwendung

Einfacher traditioneller Wrap, um ein Geschenk, eine Lunchbox, ein Kleidungsstück oder Ähnliches zu verpacken.

Knoten-Wrap

1. Tuch mit der linken Seite nach oben ausbreiten. Die Schachtel in der Mitte platzieren.
2. Ecke **a** über die Schachtel klappen.
3. Ecke **c** über die Schachtel klappen. Die Spitze sollte leicht darüberhängen, aber nicht zu sehr. In letzterem Fall die Schachtel etwas mehr in Richtung der Ecke **c** schieben, bevor Sie das Tuch darüberklappen.
4. **b** und **d** nach oben führen. Achten Sie darauf, dass die Tuchenden an den seitlichen Kanten der Schachtel straff gefaltet sind.
5. **b** und **d** auf der Oberseite der Schachtel zu einem Kreuzknoten binden.

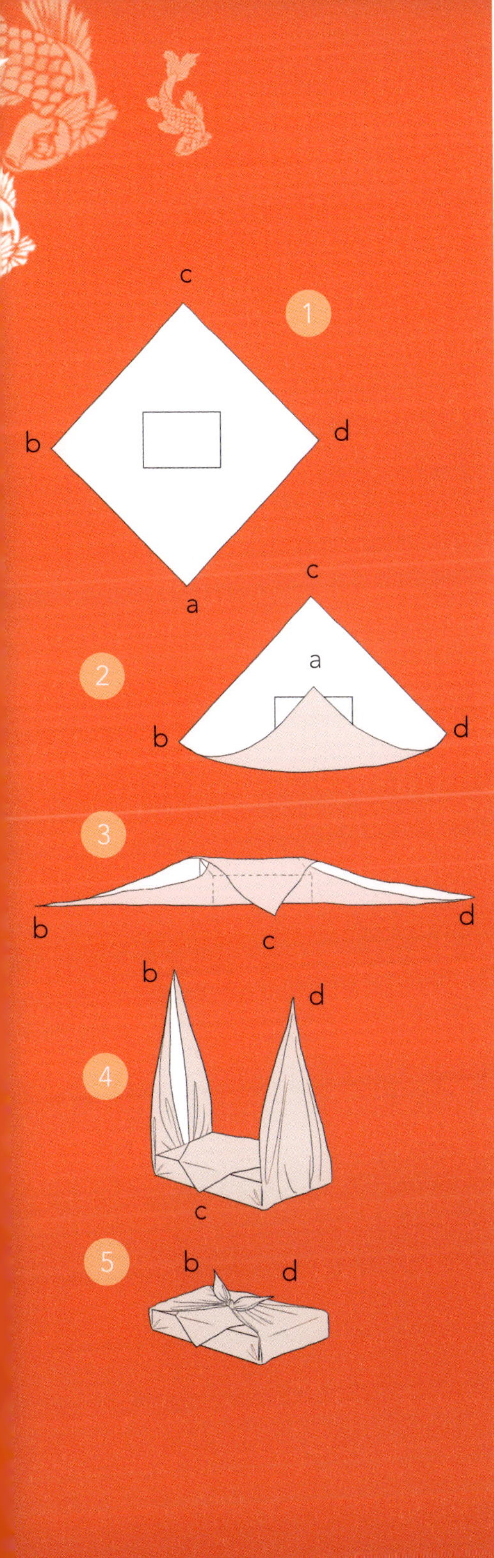

Verpackung mit Zipfel
otsukai-tsutsumi

Variante: kakushi-tsutsumi

1. Die Schritte 1 bis 5 der Faltanleitung von Seite 58 ausführen. Die Ecke **c** sollte dabei deutlich weiter über die Schachtel hängen.
2. Die Ecke **c** unter dem Knoten herausziehen und über den Knoten legen.
3. Ecke **c** unter die Schachtel schieben.

Man kann Schritt 2 auch auslassen.

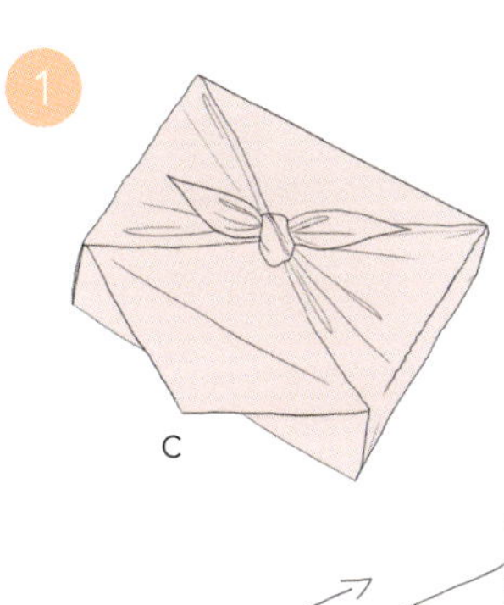

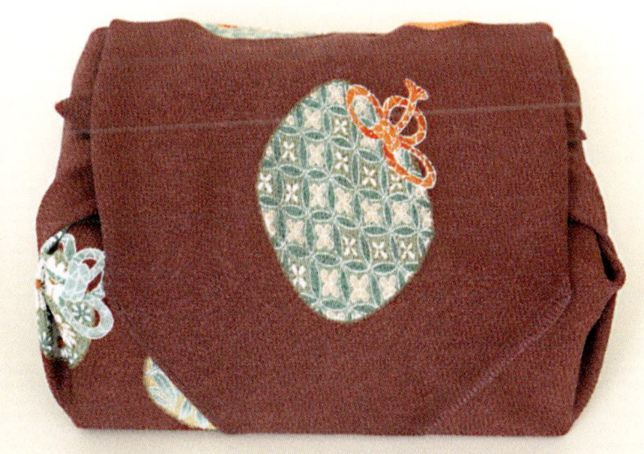

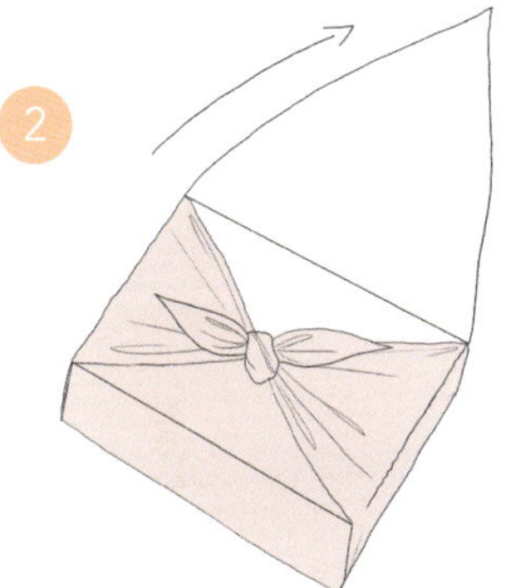

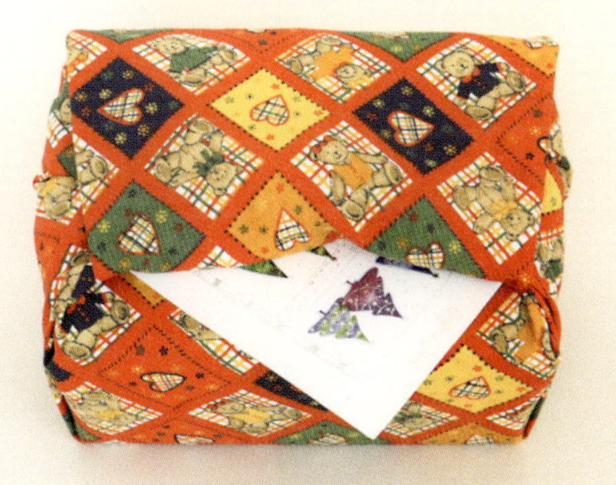

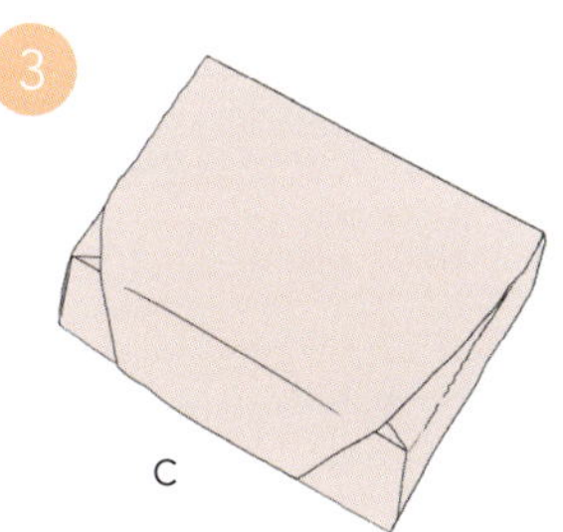

Verpackung mit vier Zipfeln - *yotsu-musubi*

Größen

50 cm: für eine Schachtel, 13 x 13 x 4 cm groß
70 cm: für einen Gegenstand, 24 x 24 x 7 cm groß, eine runde Pralinenschachtel oder einen Ball mit einem Umfang von 66 cm
90 cm: für eine runde Schachtel mit 28 cm Durchmesser und 16 cm Höhe (z. B. eine Hutschachtel), eine eckige Schachtel, 20 x 20 x 26 cm groß, ein Kissen, 40 x 40 cm groß, oder einen Ball mit 84 cm Umfang

Verwendung

Diese Verpackung eignet sich für quadratische und runde Geschenke, wie Schachteln, Platten, Tellerstapel, Kissen, zusammengelegte Pullover, Schals etc.

Knoten-Wrap

1. Tuch mit der linken Seite nach oben ausbreiten. Den Gegenstand in der Mitte platzieren.
2. **a** und **c** zu einem Kreuzknoten binden und stramm anziehen.
3. Anschließend **b** und **d** über dem ersten Knoten zu einem Kreuzknoten binden.

Auf diese Weise entsteht der Eindruck eines Knotens mit vier Zipfeln.

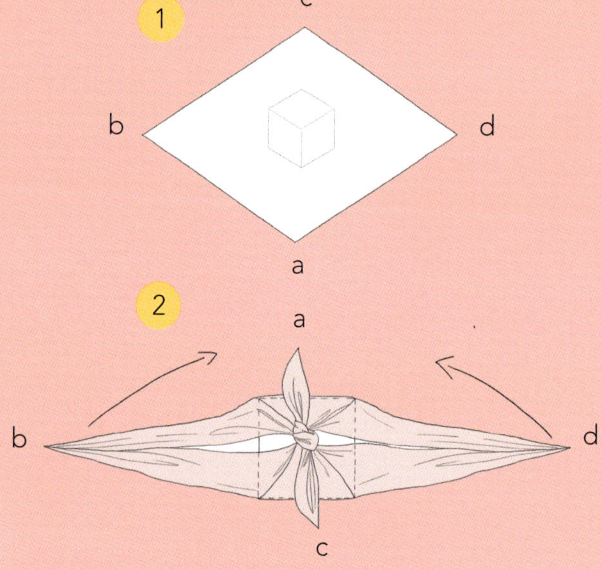

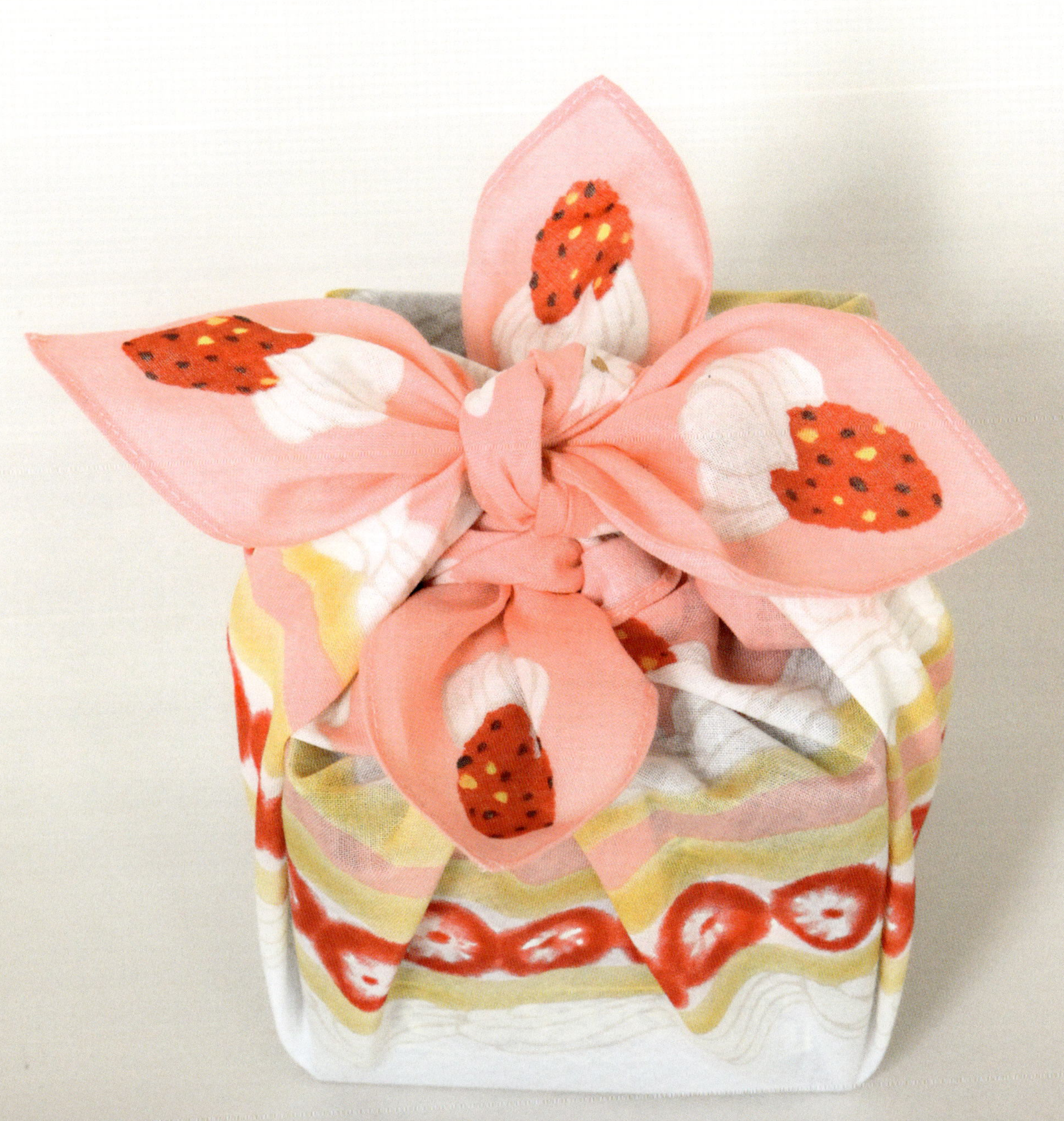

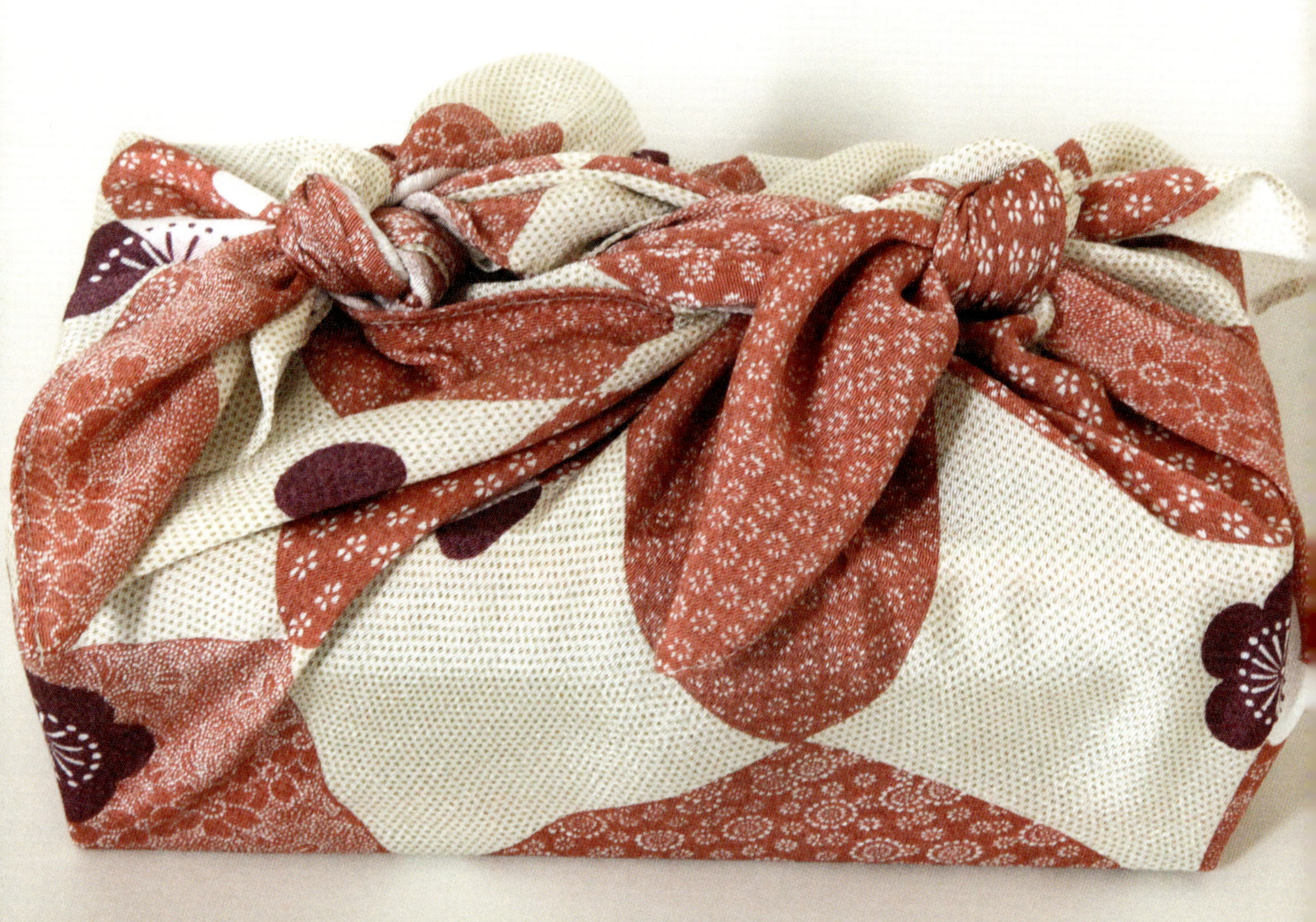

Längliche Verpackung – *futatsu-tsutsumi*

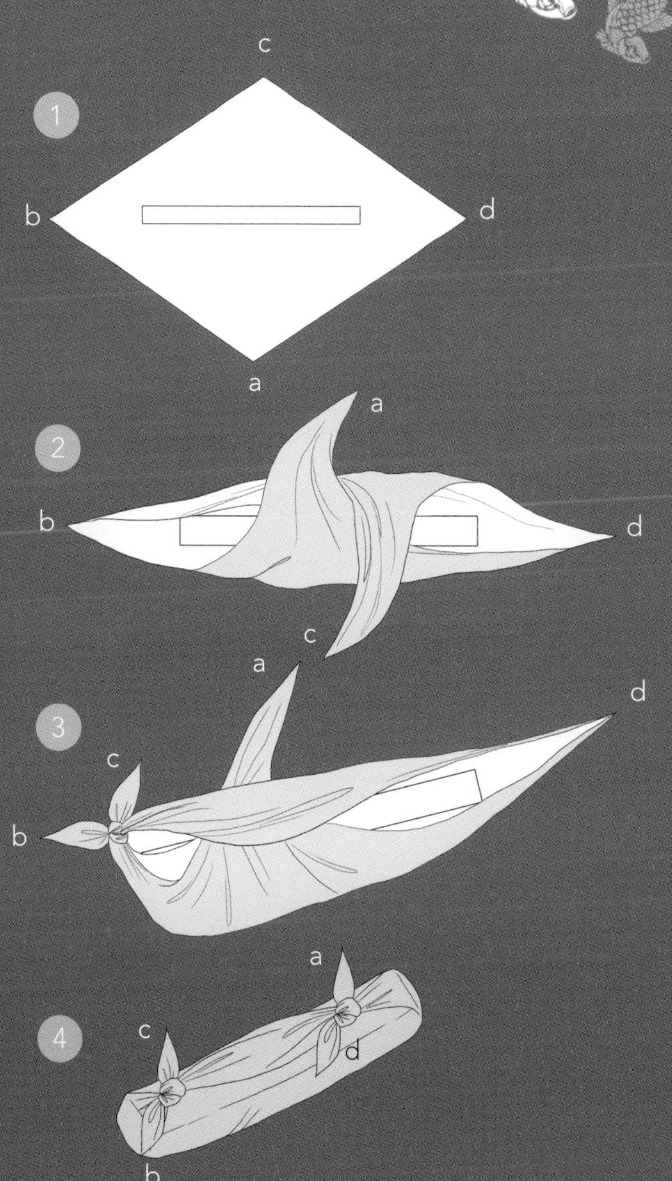

Größen

50 cm: für ein Paar Handschuhe oder eine Brille
70 cm: für einen langen, schmalen Gegenstand, 33 x 8 x 8 cm oder 28 x 15 x 10 cm groß

Verwendung

Bei dieser Verpackungsmethode lässt sich mit einem vergleichsweise kleinen Tuch ein länglicher Gegenstand verpacken, wie z. B. ein Diabolo-Spiel, eine längliche Kuchenplatte, ein Domino-Spiel, eine Schuhschachtel usw.

Knoten-Wrap

1. Tuch mit der linken Seite nach oben ausbreiten. Den Gegenstand in der Mitte platzieren.
2. **a** und **c** kreuzen, wobei **a** links von **c** liegt.
3. **b** und **c** über einem Ende der Schachtel zu einem Kreuzknoten binden.
4. Dies mit **a** und **d** am anderen Schachtelende wiederholen.

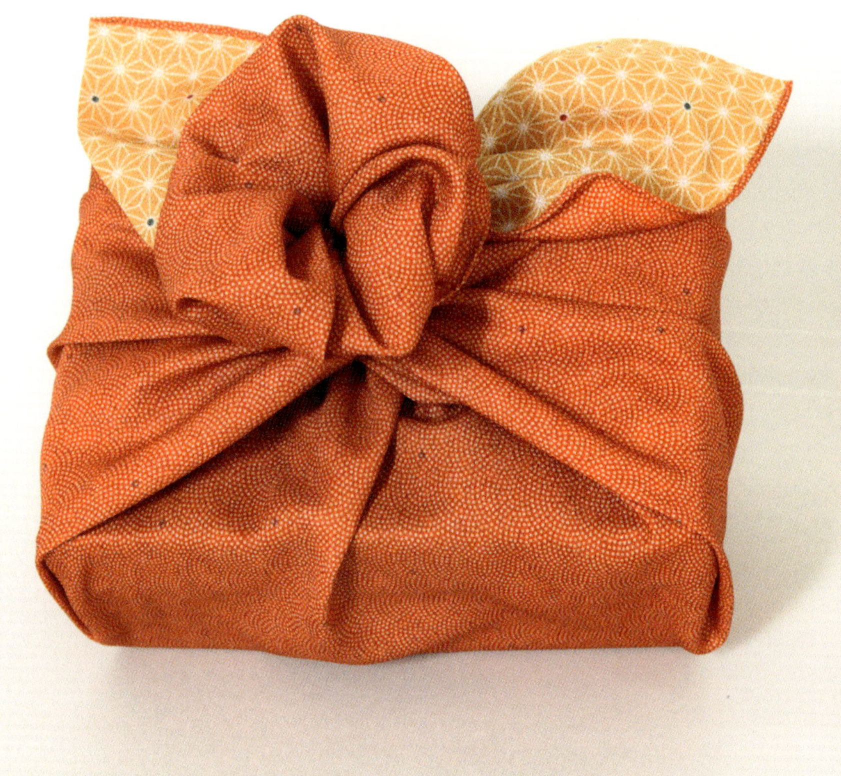

Größen

70 cm: für eine Schachtel oder einen Gegenstand, ca. 23 x 18 x 10 cm groß

Verwendung

Der Wrap ist sehr dekorativ und für alle Geschenke geeignet.

Varianten

Wenn das Tuch ein wenig Stand hat, lassen sich die beiden mittleren Zipfel gut drapieren. Mit einem Doubleface-Furoshiki kann man einen Zipfel einklappen und den anderen wie ein Blatt nach unten hängen lassen.

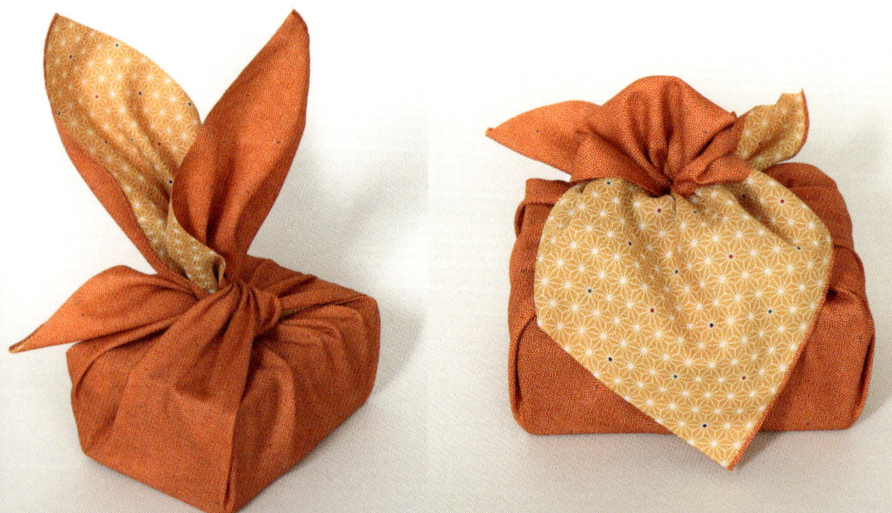

Knoten-Wrap

1. Tuch mit der linken Seite nach oben ausbreiten. Schachtel in der Mitte platzieren.
2. Die Enden von **a** und **c** in eine Hand nehmen und mit der anderen Hand von oben bis zur Schachtel hinunterstreichen, um den Stoff gleichmäßig zu raffen.
3. Den Zipfel **d** unterhalb der Hand um den Stoff nach hinten klappen. Dies mit **b** in die andere Richtung ausführen, wobei **d** gekreuzt wird.
4. **b** und **d** zu einem Knoten binden (Schritt 1 und 2 des Kreuzknotens).
5. Die beiden Enden von **a** und **c** in den Knoten stecken.
6. Die eingeklappten Enden wie eine Blüte drapieren.

Verpackung mit Blütenknoten
hana kazari-fukuro

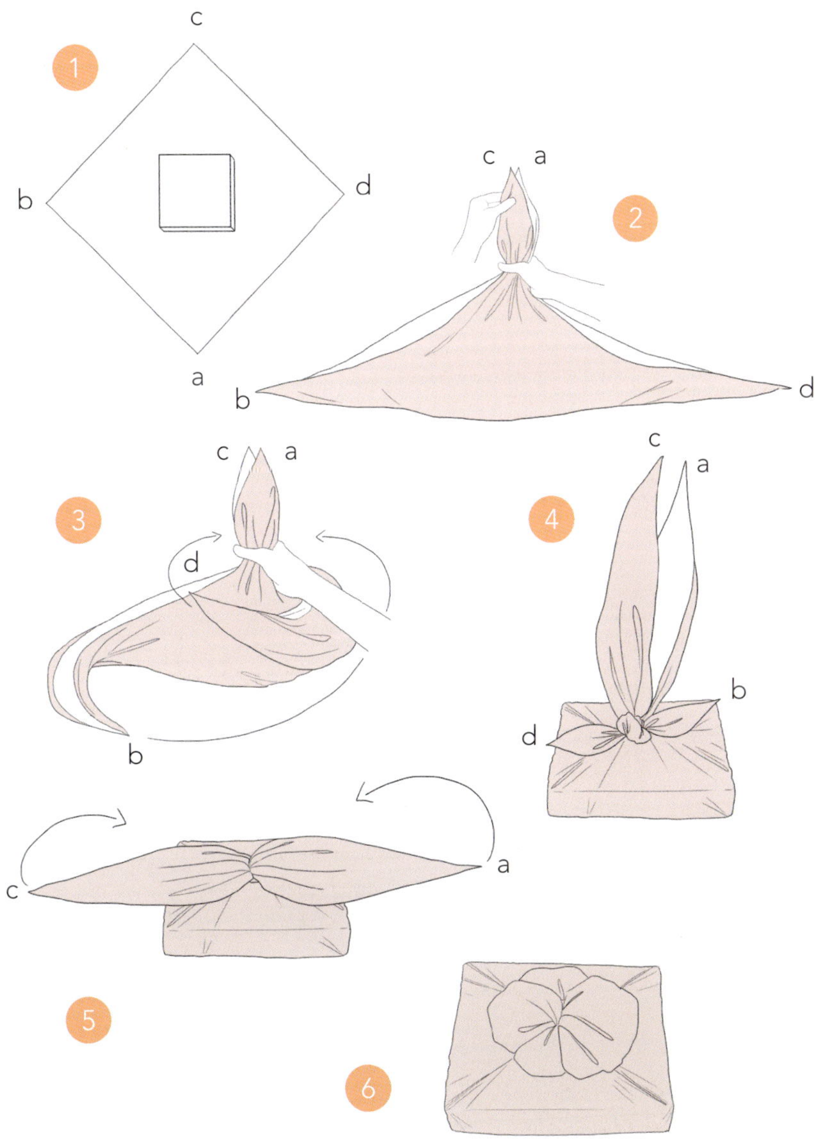

Variante: drapierte Zipfel

Die Schritte 1 bis 4 ausführen und anschließend die beiden mittleren Zipfel drapieren.

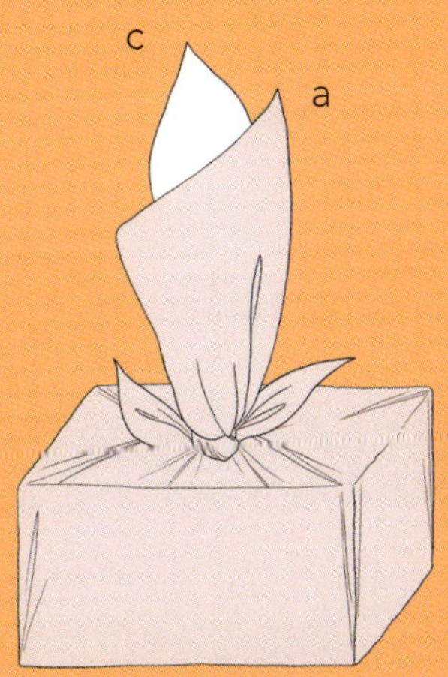

Variante: hängende Zipfel

Die Schritte 1 bis 4 ausführen, Zipfel **c** in den Knoten stecken.

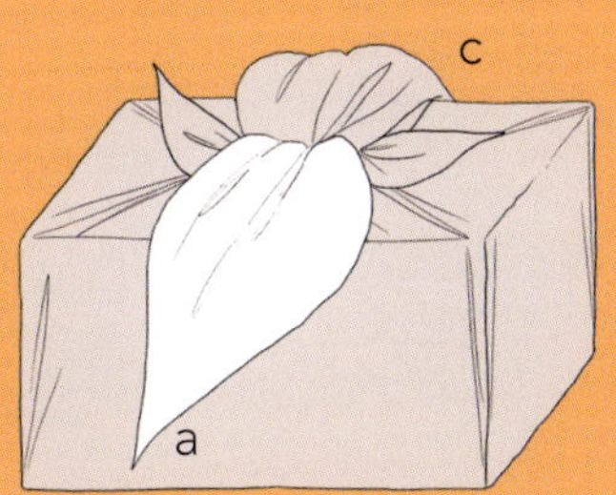

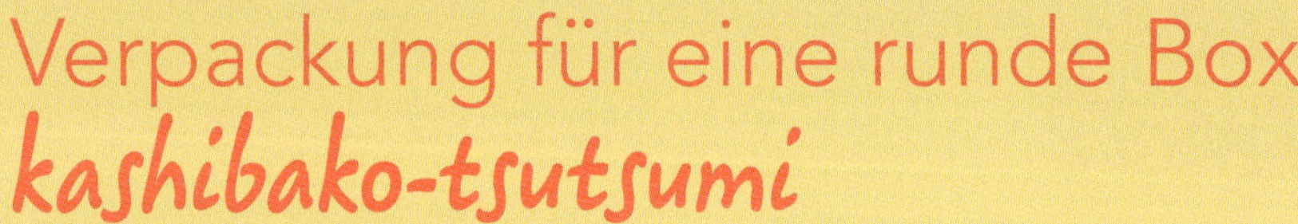

Verpackung für eine runde Box
kashibako-tsutsumi

Größen

70 cm: für eine runde Pralinenschachtel
90/105 cm: für eine Kuchenplatte oder eine Hutschachtel

Verwendung

Ein etwas schwieriger Wrap, der ein wenig Übung erfordert. Allerdings ist er äußerst praktisch, um runde Platten oder Schachteln zu verpacken.

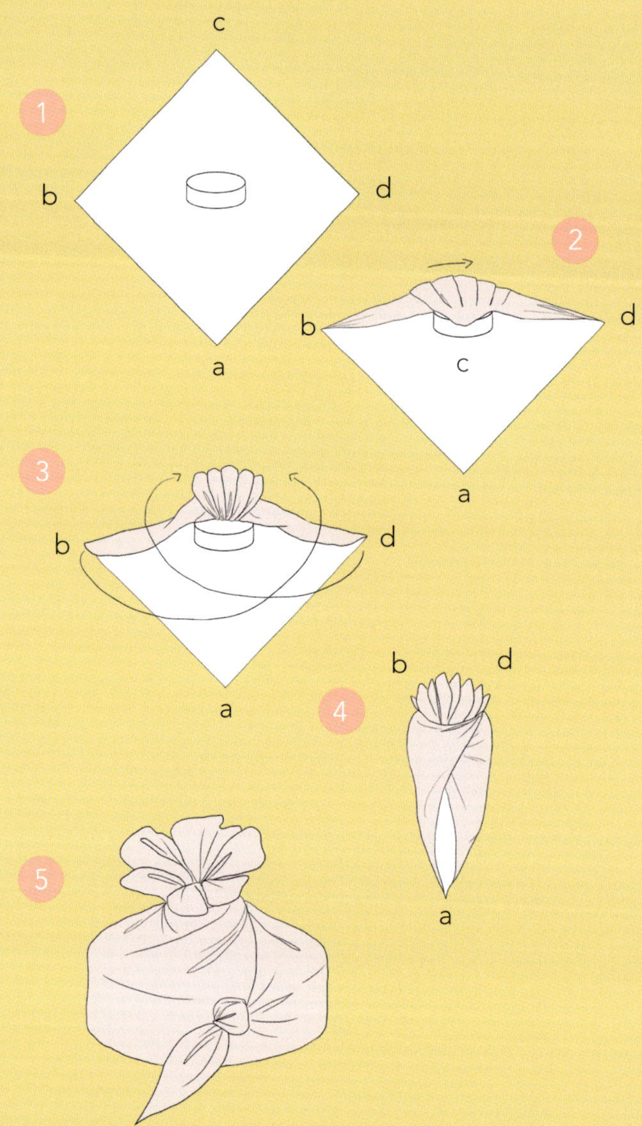

Knoten-Wrap

1. Tuch mit der linken Seite nach oben ausbreiten. Die Schachtel oder Platte in der Mitte platzieren.
2. Die Ecke **c** zur Mitte hin umklappen, dabei den Stoff von links nach rechts in Falten legen. Links und rechts von der Schachtel sollten ca. 25 cm Stofflänge bleiben.
3. Die Raffung mit einer Hand festhalten. Mit der anderen Hand Zipfel **d** unter dem Handgelenk nach hinten führen. Mit **b** wiederholten, wobei **d** gekreuzt wird.
4. **b** und **d** zu einem Knoten binden (Schritt 1 und 2 des Kreuzknotens).
5. Zipfel **a** dicht an der Schachtel zu einem engen einfachen Knoten schlingen.

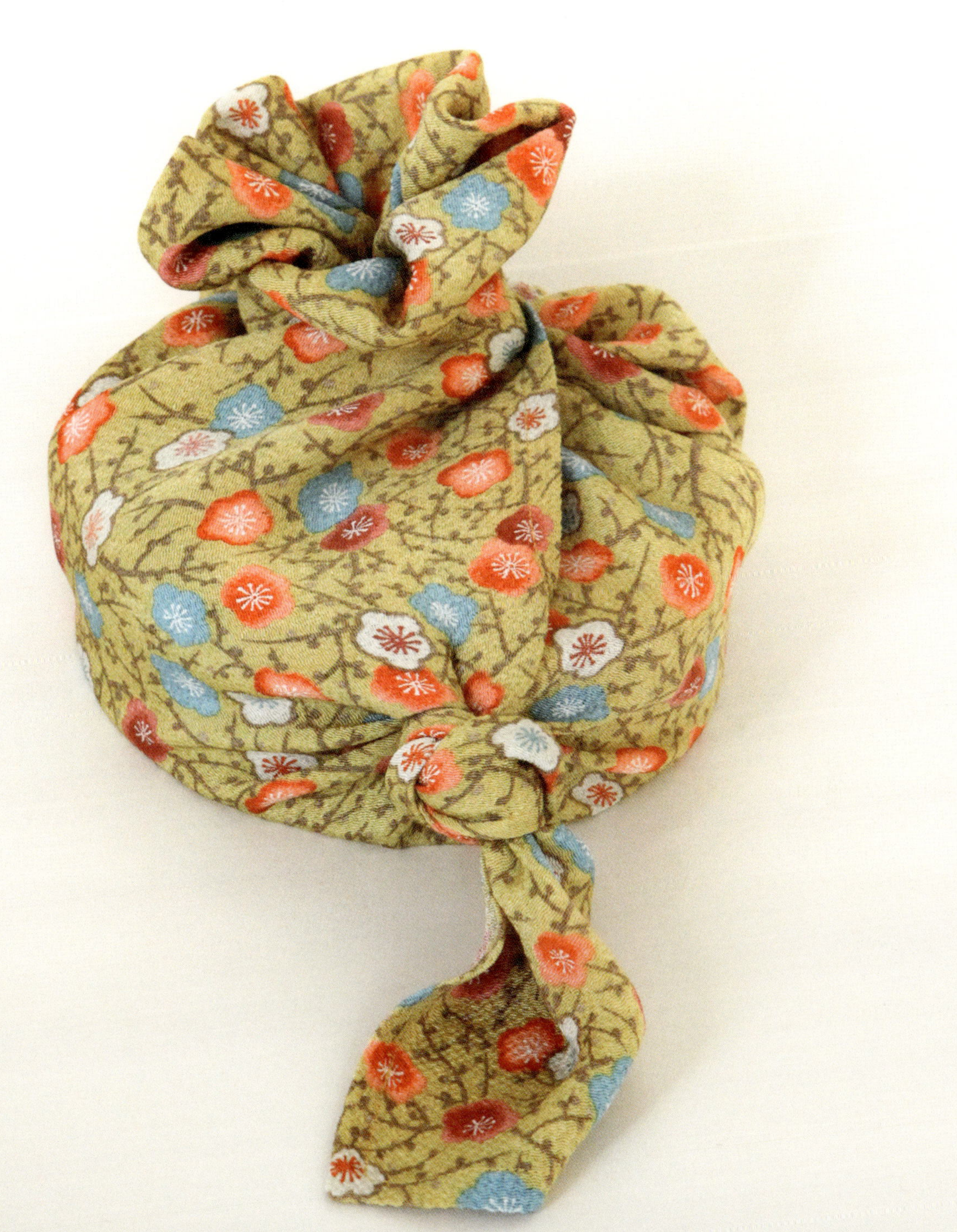

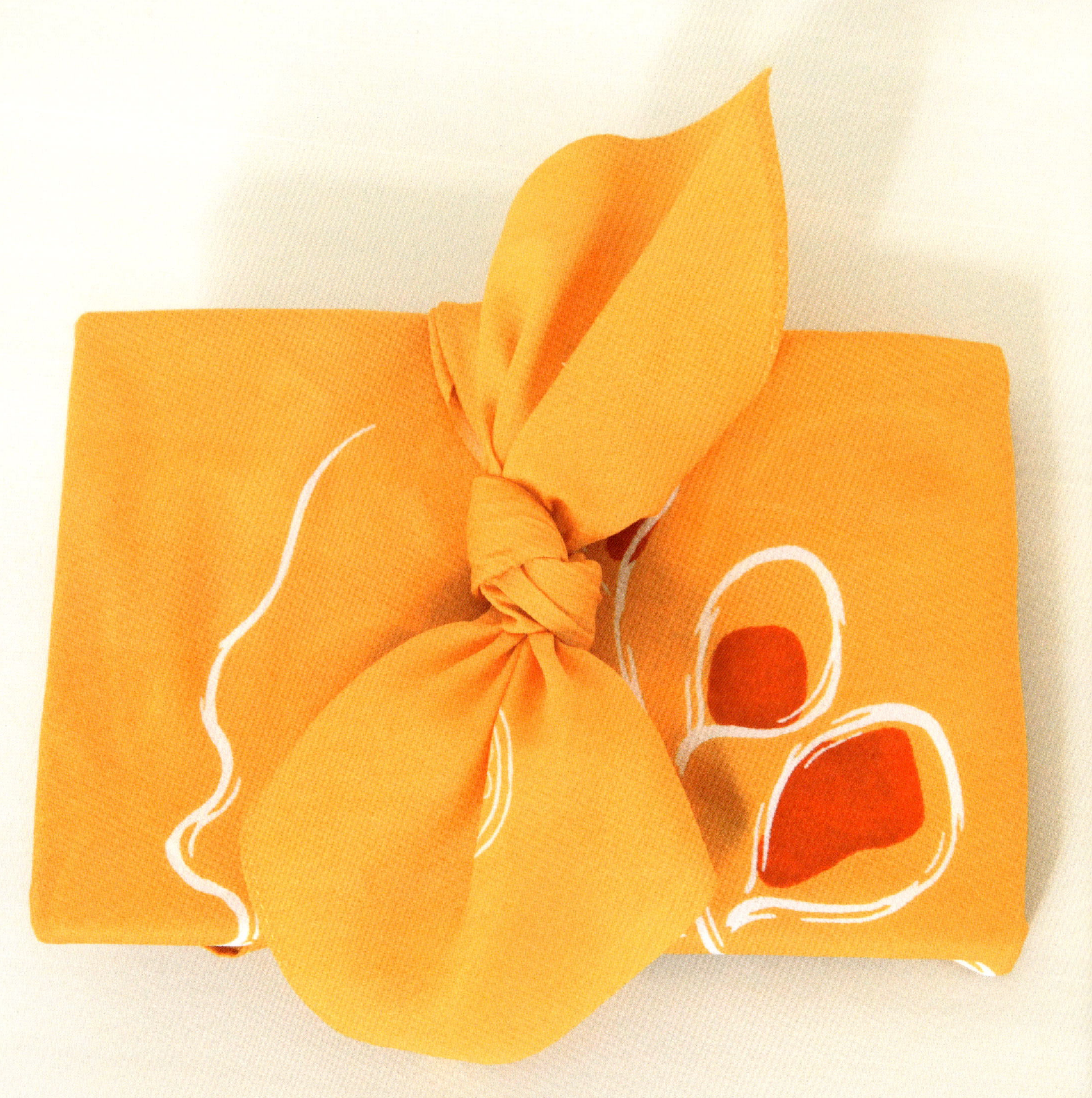

Verpackung für ein Buch – *sao-tsutsumi*

Größen

50 cm: für eine CD
70 cm: für ein Taschenbuch, eine DVD, eine Schmuckschatulle, einen kleinen zylinderförmigen Gegenstand
90 cm: für ein mittelgroßes Buch oder eine flache Schachtel (ca. 30 x 17 x 3 cm)

Verwendung

Dieser Wrap ist ideal für einen flachen oder zylindrischen Gegenstand. Wenn man flache verpackte Gegenstände überreicht, kann man sie leicht schräg halten, sodass der Eindruck entsteht, als würden sie auf einem Display präsentiert. Mit diesem Wrap können Sie aber auch Ihre Bücher geschützt im Reisegepäck verstauen. Außerdem lässt sich auf diese Weise ein kleines Survival-Kit für unterwegs (Zahnbürste, -pasta und Kamm) oder ein Schreibset (Lineal, Stifte und Kreiden) zusammenpacken.

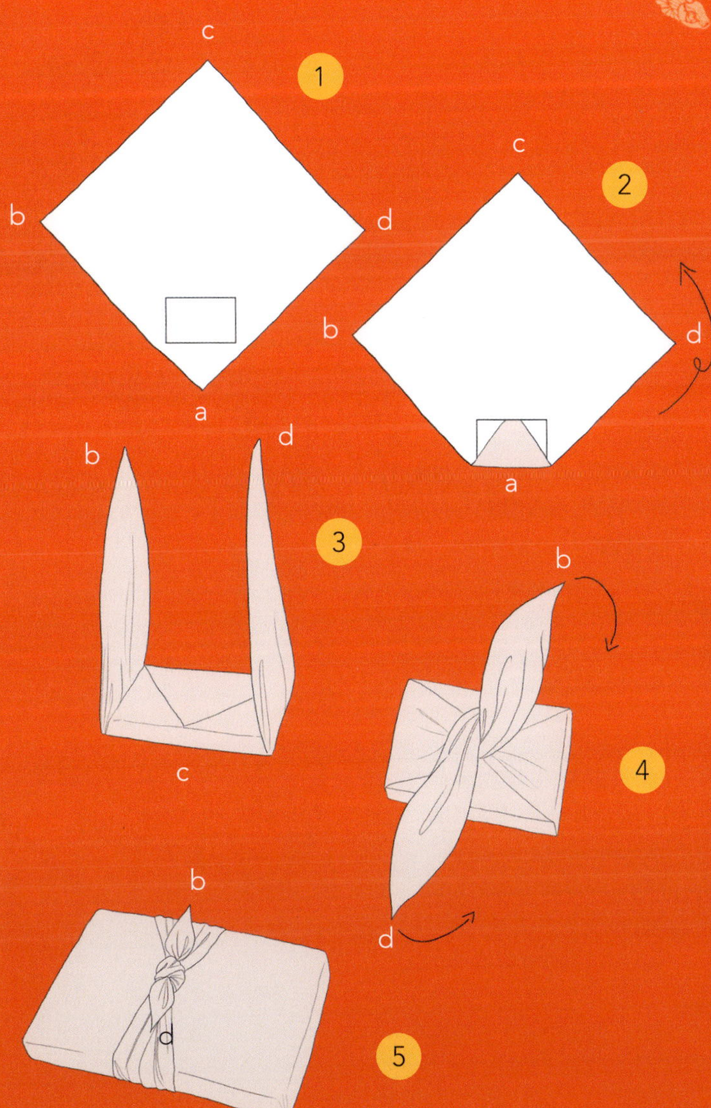

Knoten-Wrap

1. Tuch mit der linken Seite nach oben ausbreiten. Das Buch horizontal nahe Ecke **a** platzieren.
2. Ecke **a** um das Buch klappen und die Spitze unter dem Buch festklemmen.
3. Das Buch weiter im Tuch einwickeln, bis die Ecke **c** auf dem Buch zu liegen kommt.
4. **b** und **d** kreuzen, das Buch umdrehen und die Zipfel dabei zur Oberseite führen.
5. Einen Kreuzknoten binden.

Verpackung für ein Buch 2 – *ribon-tsutsumi*

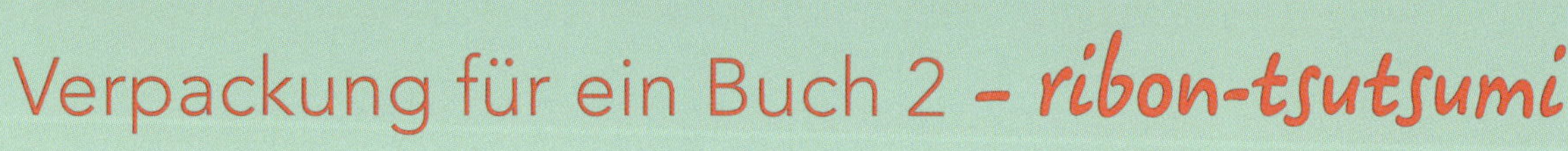

Größen

50 cm: für ein Taschenbuch, eine DVD oder CD
70 cm: für einen ca. 30 x 17 x 3 cm großen Gegenstand
90 cm: für ein Brettspiel oder einen ca. 37 x 27 x 6 cm großen Gegenstand

Verwendung

Man kann diesen Wrap für die gleichen Gegenstände verwenden wie *sao-tsutsumi* (Seite 69). Er eignet sich aber auch für Bilderrahmen, Tablets oder ein Brettspiel.

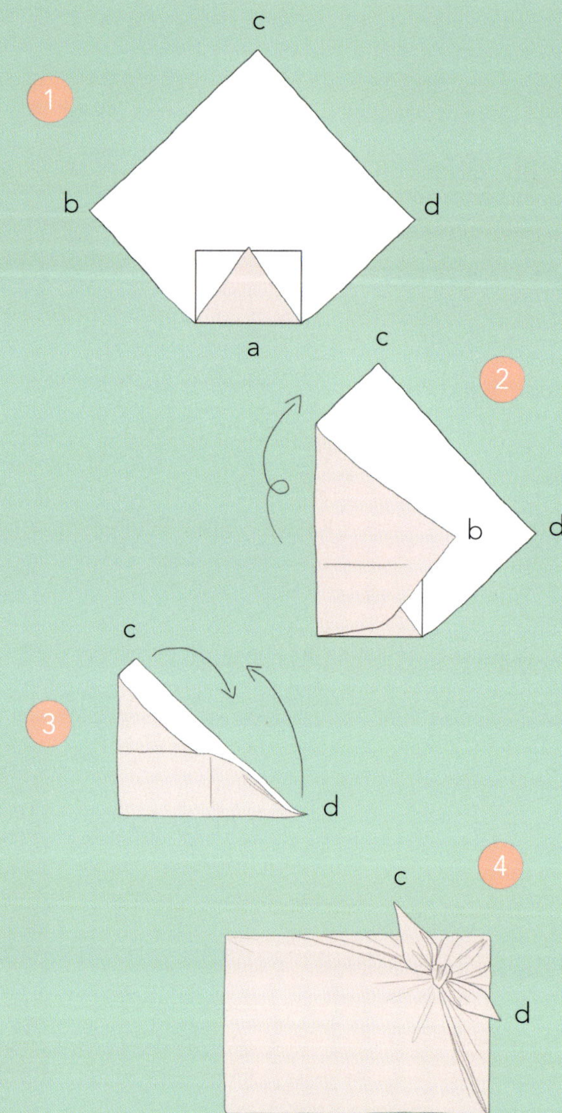

Knoten-Wrap

1. Tuch mit der linken Seite nach oben ausbreiten. Das Buch horizontal nahe Ecke **a** platzieren und diese über das Buch klappen.
2. Ecke **b** über das Buch klappen, dieses dann einmal in Richtung **c** einwickeln.
3. **c** und **d** zu einem Kreuzknoten binden; dabei den ersten Knoten fest anziehen.
4. Den Knoten drapieren.

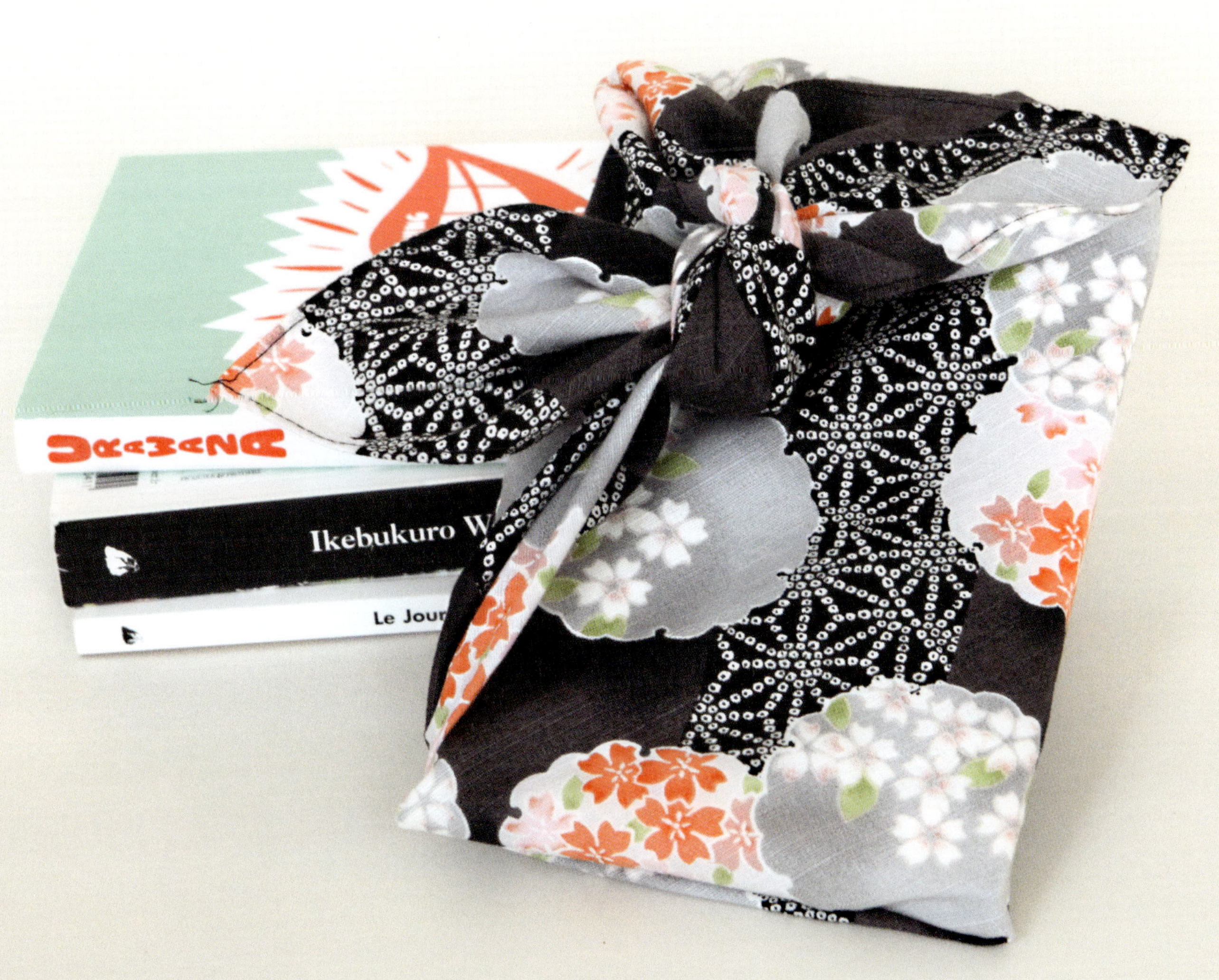

Ikebukuro W
Le Jour

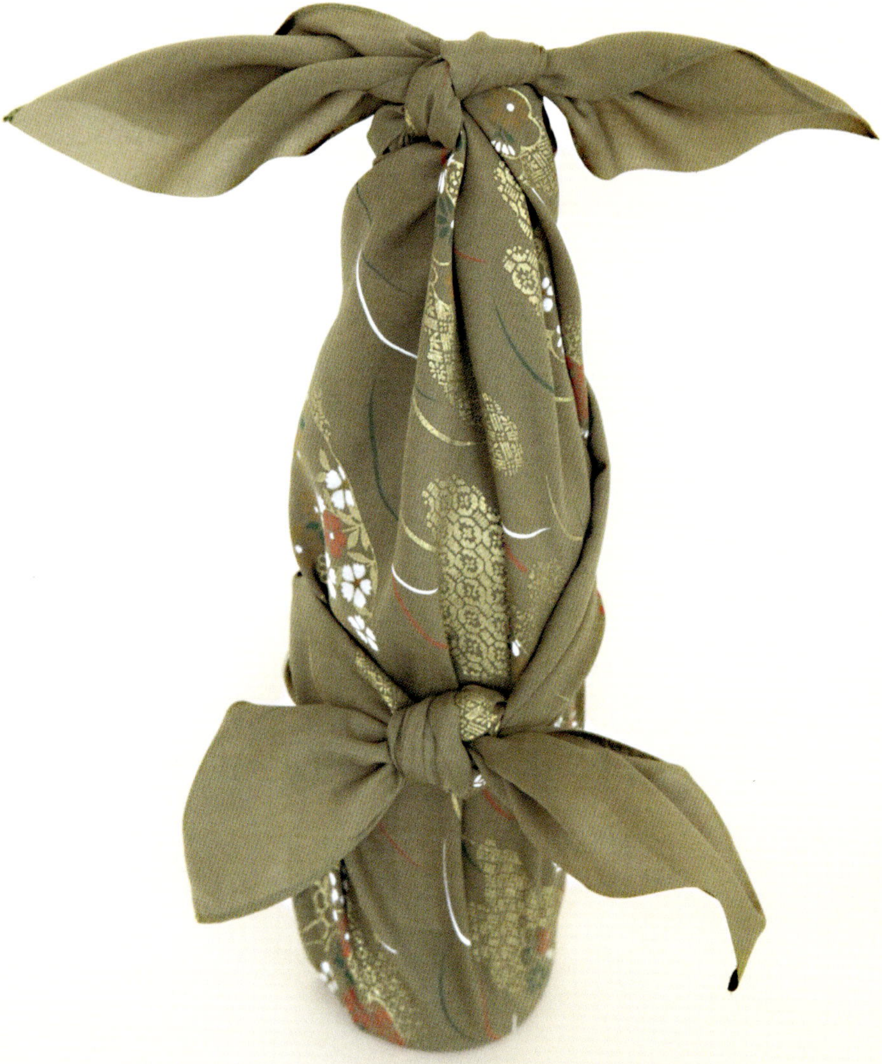

Größen

50 cm: für eine kleine Flasche mit 25 cl Inhalt
70 cm: für eine Saft-, Wasser- oder Weinflasche, eine Trinkflasche oder eine Thermoskanne

Verwendung

Dieser Wrap eignet sich nicht nur zum Verpacken, sondern auch zum Tragen einer Flasche. Das Tuch kann später erneut für den gleichen Zweck verwendet werden oder – sofern es sich um ein fließendes, edles Material handelt – auch als Schal getragen werden.

Variante

Verpackung für eine Flasche mit Blume: Wird ein Doubleface-Furoshiki verwendet, lässt sich die Blüte in einer kontrastierenden Farbe zum verhüllten Flaschenkorpus gestalten.

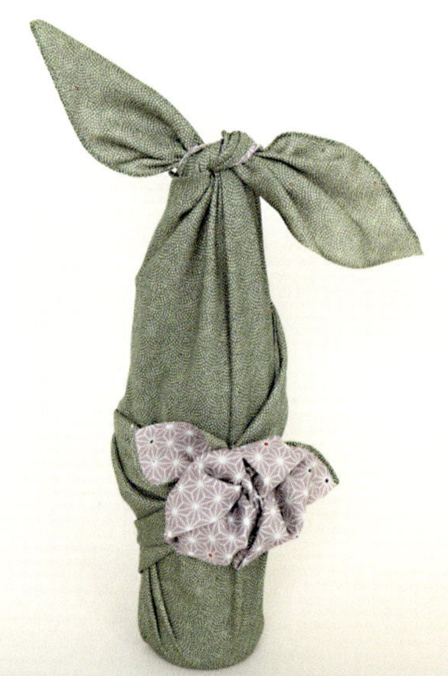

Verpackung für eine Flasche – *bin ippon-tsutsumi*

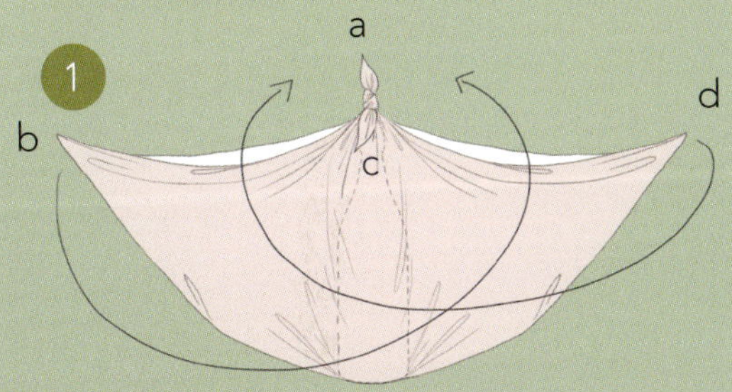

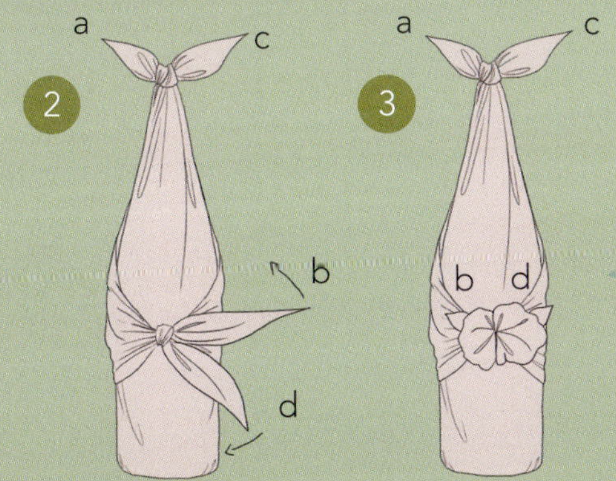

Variante: Verpackung für eine Flasche mit Blume

1. Die Schritte 1 bis 3 ausführen.
2. **b** und **d** mit einem Gummi dicht am Flaschenkorpus fixieren.
3. Die Enden **b** und **d** von links bzw. rechts durch den Gummi stecken, um eine Blütenform zu erhalten. Die beiden Spitzen bilden die Blätter.

Knoten-Wrap

1. Tuch mit der linken Seite nach oben ausbreiten. Die Flasche in der Mitte platzieren.
2. **a** und **c** am Flaschenkopf zu einem Kreuzknoten oder einem gezwirbelten Henkel binden (siehe S. 12).
3. **b** und **d** hinter der Flasche kreuzen und wieder nach vorne führen.
4. Einen Kreuzknoten binden.

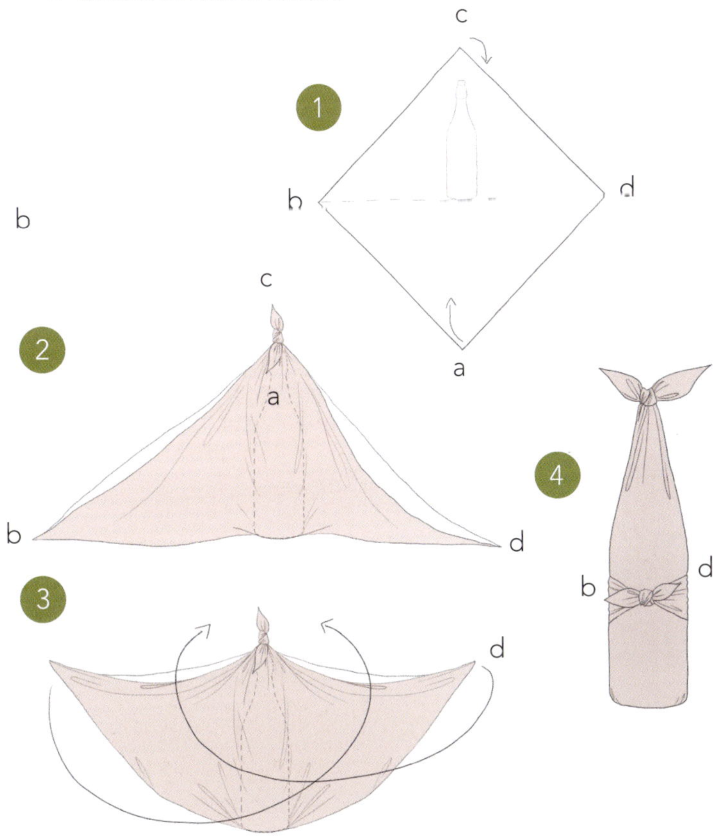

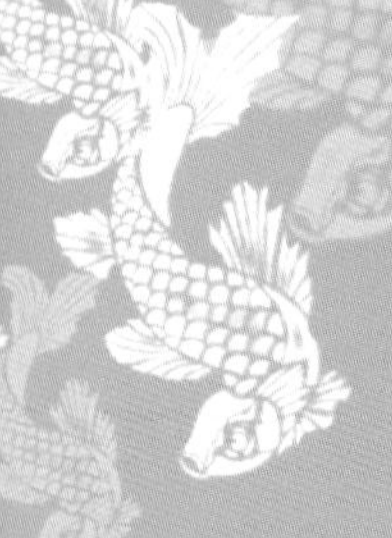

Verpackung für eine Flasche 2
bin ippon-tsutsumi 2

Größen

70 cm: für eine Saft-, Wasser- oder Weinflasche

Verwendung

Elegante Wrap-Alternative, wenn man häufig Flaschen verschenkt.

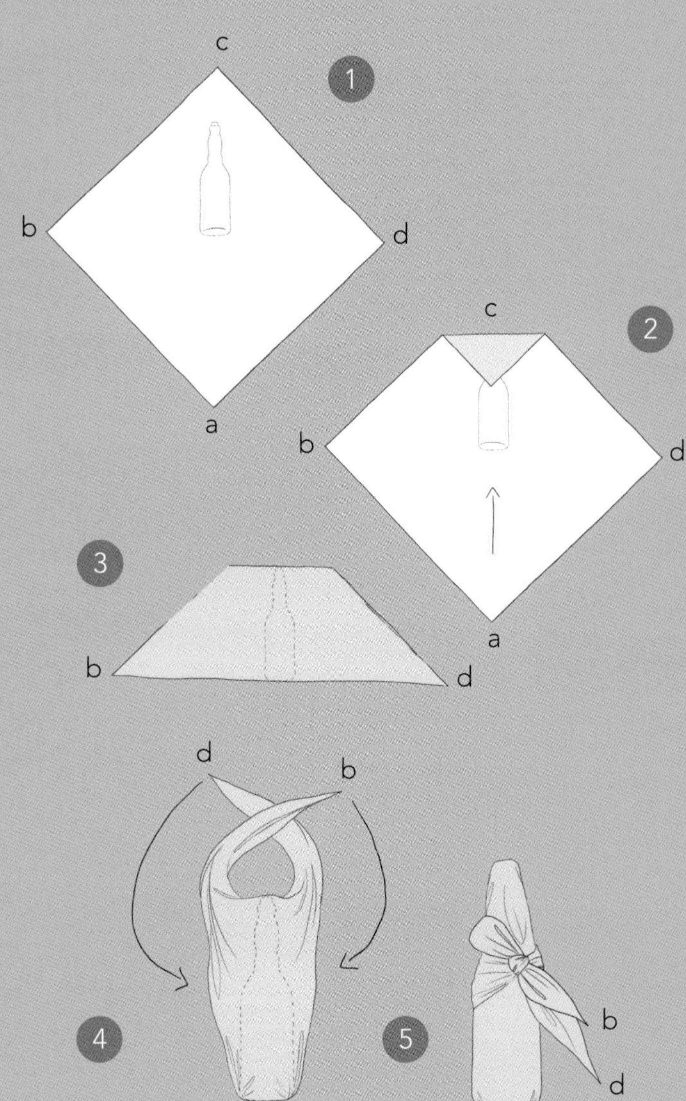

Knoten-Wrap

1. Tuch mit der linken Seite nach oben ausbreiten. Die Flasche so darauflegen, dass der Flaschenboden mittig auf der Linie **bd** liegt.
2. Zunächst Ecke **c**, danach **a** über den Flaschenhals klappen.
3. Die Flasche aufstellen.
4. **b** und **d** hinter der Flasche kreuzen und die Enden in Höhe der Flaschenschulter wieder nach vorne führen.
5. Einen Knoten mit Schlaufe binden (siehe S. 13).

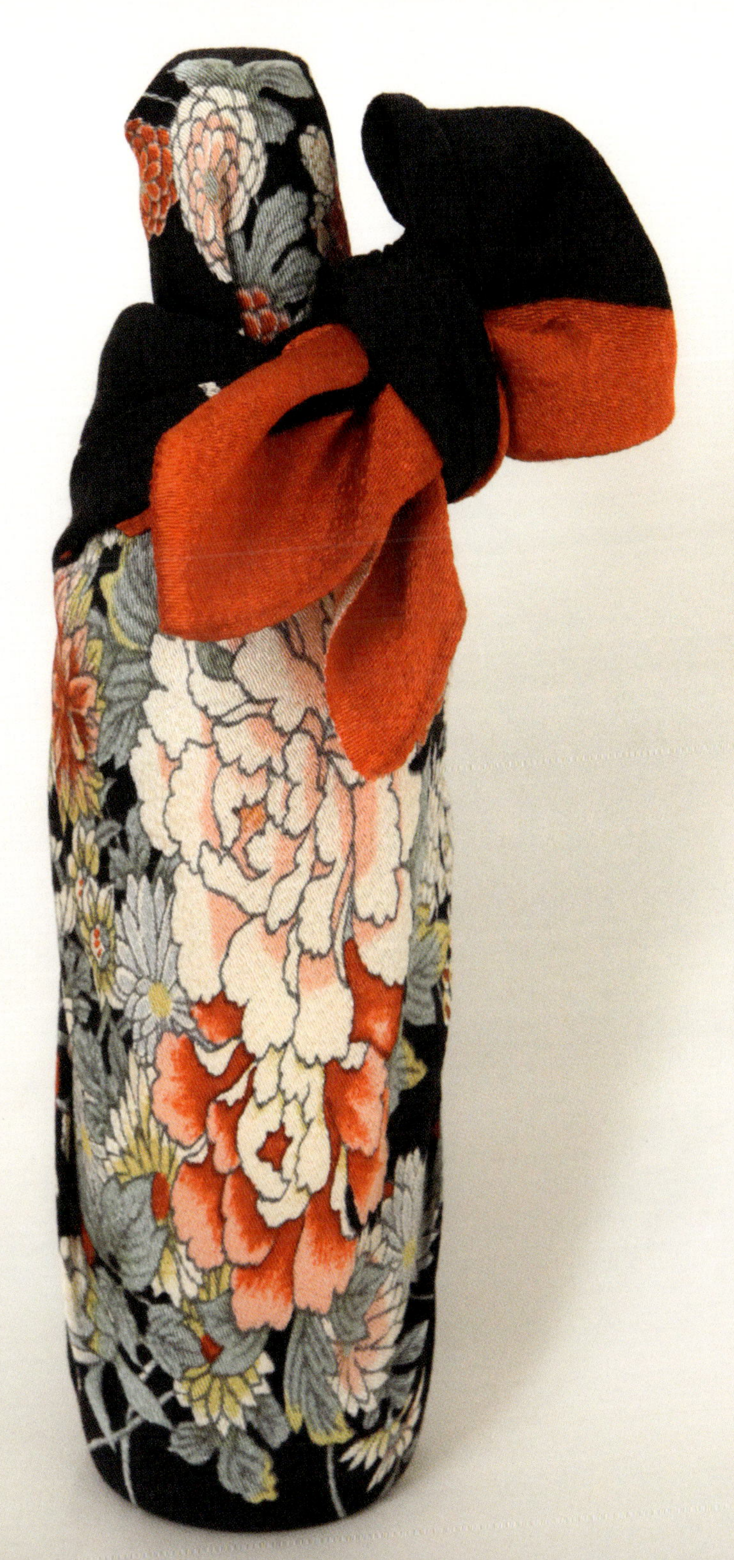

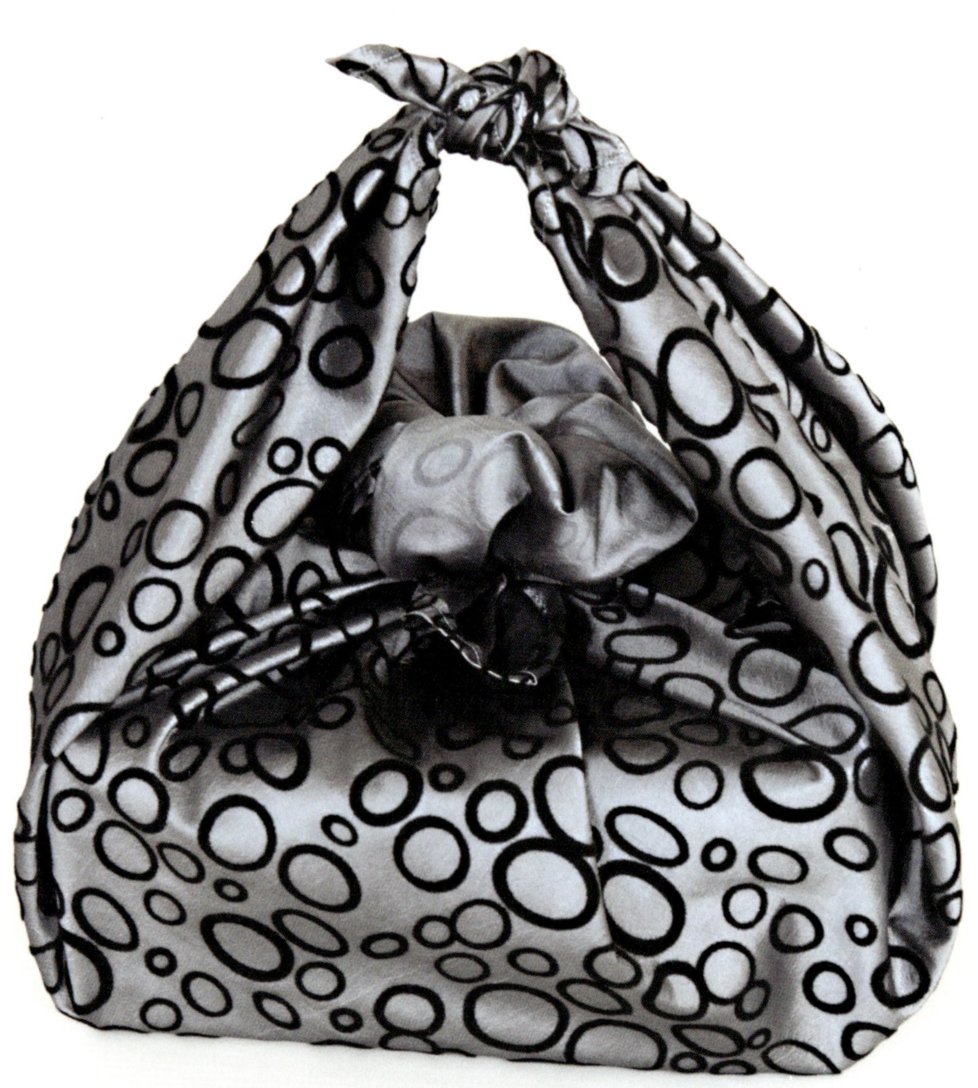

Verpackung mit Blütenknoten und Henkel
hanatsuki tesage-tsutsumi

Größen

50 cm: für eine Schachtel oder einen Gegenstand, maximal 19 x 13 x 6 cm groß
70 cm: für eine Schachtel oder einen Gegenstand, maximal 23 x 17 x 10 cm groß

Verwendung

Dieser ausgesprochen hübsche, feminine Wrap eignet sich sowohl als Verpackung als auch zum Transport einer Butterbrot- oder Lunchbox.

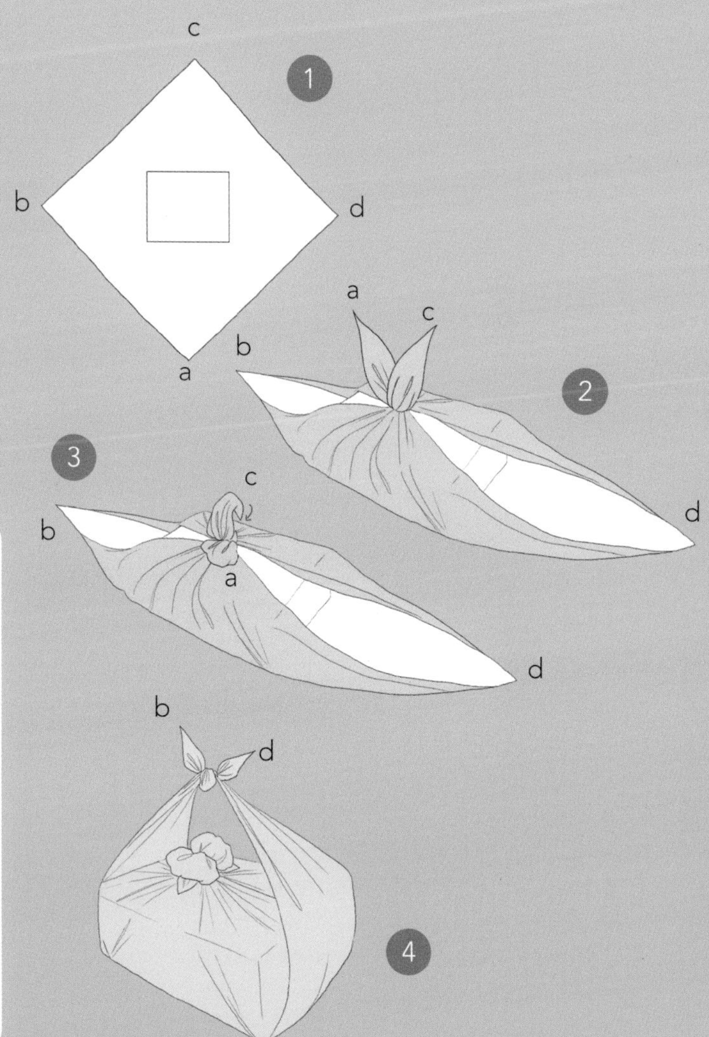

Knoten-Wrap

1. Tuch mit der linken Seite nach oben ausbreiten. Die Schachtel in der Mitte platzieren.
2. **a** und **c** dicht an der Schachtel mit einem Gummi zusammenfassen.
3. Bei einem Doubleface-Furoshiki die Enden **a** und **c** links bzw. rechts außen unter den Gummi stecken, um eine Blütenform zu erhalten. Die beiden Spitzen bilden die Blätter.
Wenn das Tuch nur eine „schöne" Seite hat, die Enden **a** und **c** von oben in den Gummi stecken, um die Blüte zu bilden.
4. **b** und **d** zu einem Kreuzknoten binden.

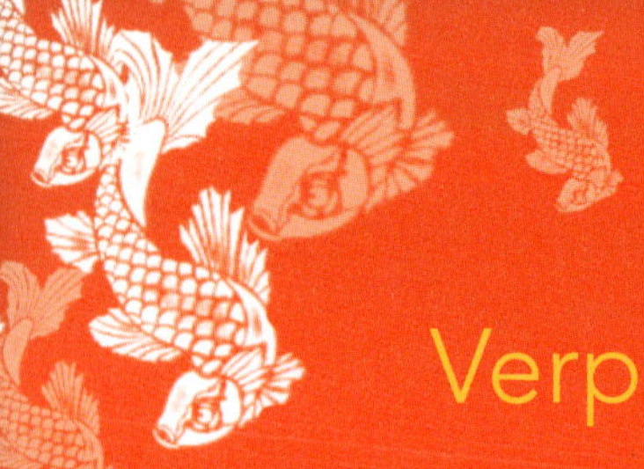

Verpackung ohne Knoten – *hira-tsutsumi*

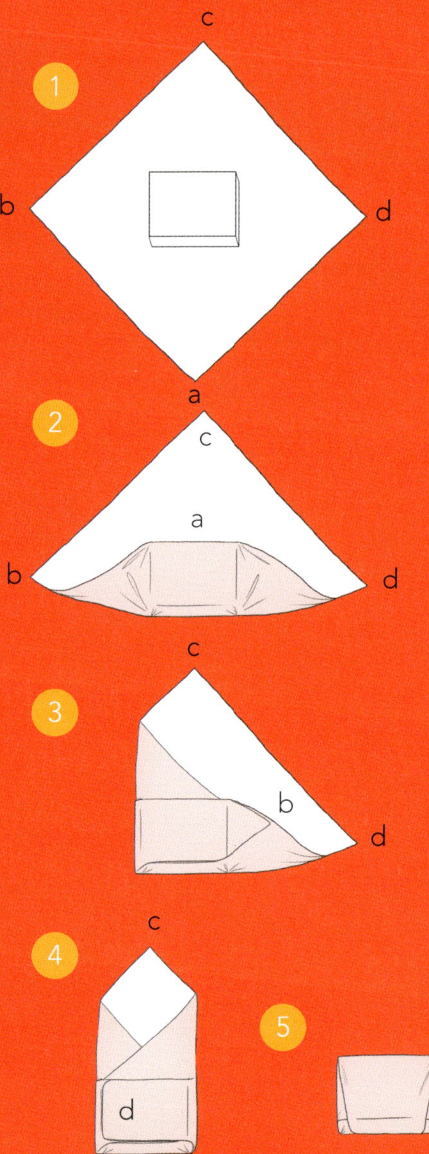

Größen

45 cm: für Briefumschläge, Flugtickets, Theaterkarten usw.
50 cm: für einen max. 24 x 18 x 1 cm großen Gegenstand
70 cm: für einen max. 30 x 21 x 4 cm großen Gegenstand

Verwendung

Mit diesem Wrap lassen sich flache Gegenstände (Schokoladentafeln, Schmuckschatullen, Bücher, DVDs) oder Modeaccessoires (Tücher, Krawatten, Handschuhe) verpacken. Da ohne Knoten gearbeitet wird, kann ein – im Verhältnis zur Größe des Gegenstands – kleineres Tuch verwendet werden.

Wrap

1. Das Tuch mit der linken Seite nach oben ausbreiten. Den Gegenstand in der Mitte platzieren.
2. **a** umklappen und die Ecke unter den Gegenstand stecken.
3. Mit **b** ebenso verfahren.
4. **d** über den Gegenstand klappen und dabei die überstehende Ecke nach innen falten.
5. **c** nach unten über den Gegenstand und die überstehende Ecke auf die Rückseite klappen.

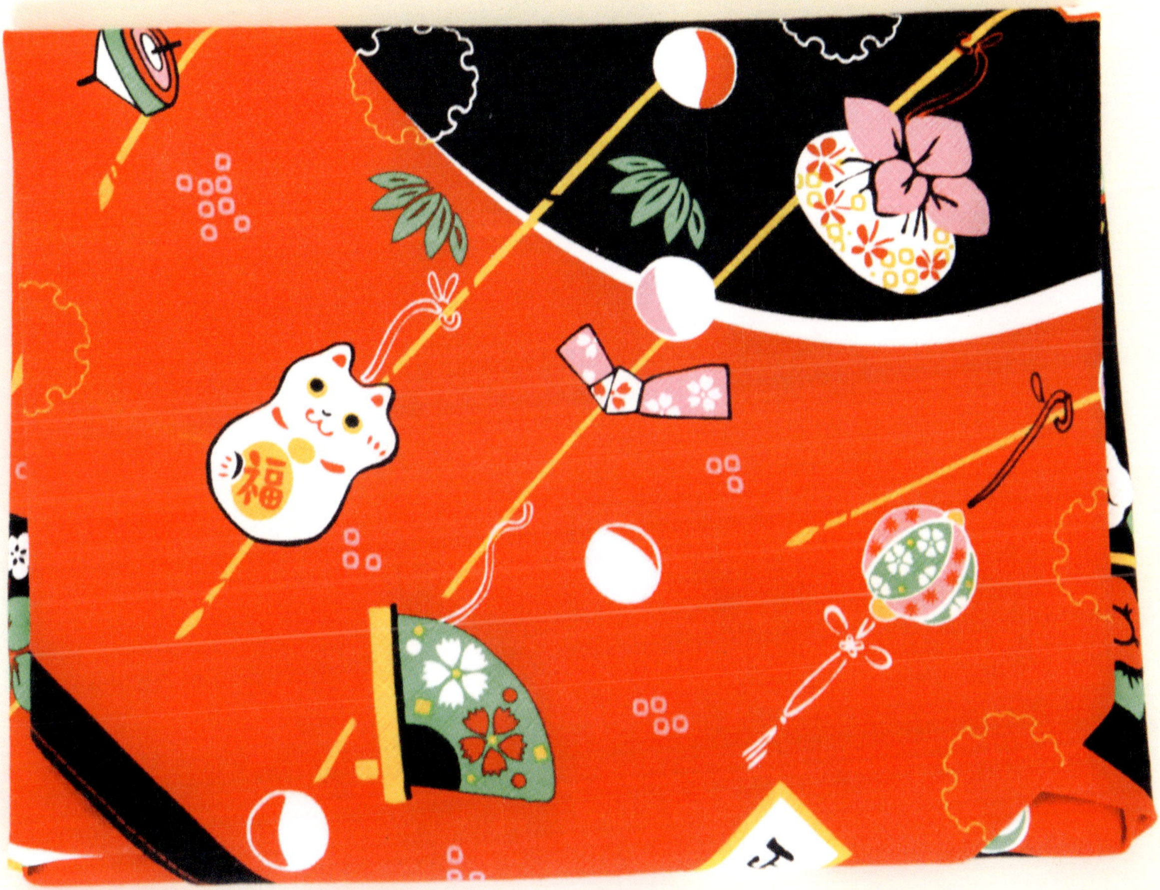

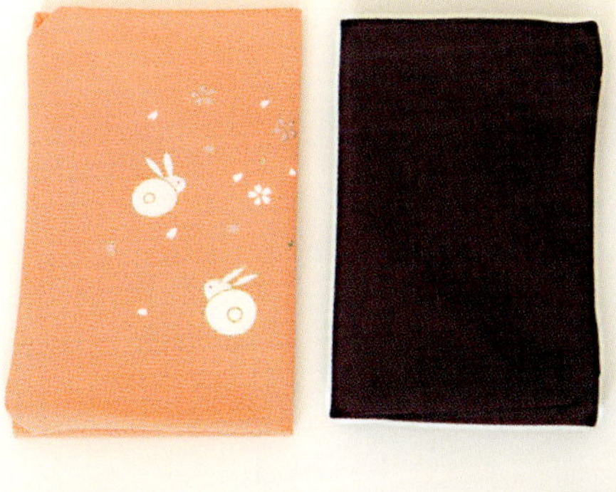

In Japan ist die Ausrichtung der Faltung von großer Bedeutung: Die Variante fukusa-tsutsumi*, bei der die Faltung liegt links, weist auf ein glückliches Ereignis hin. Zeigt die Faltung nach rechts, handelt es sich um einen traurigen Vorfall.*

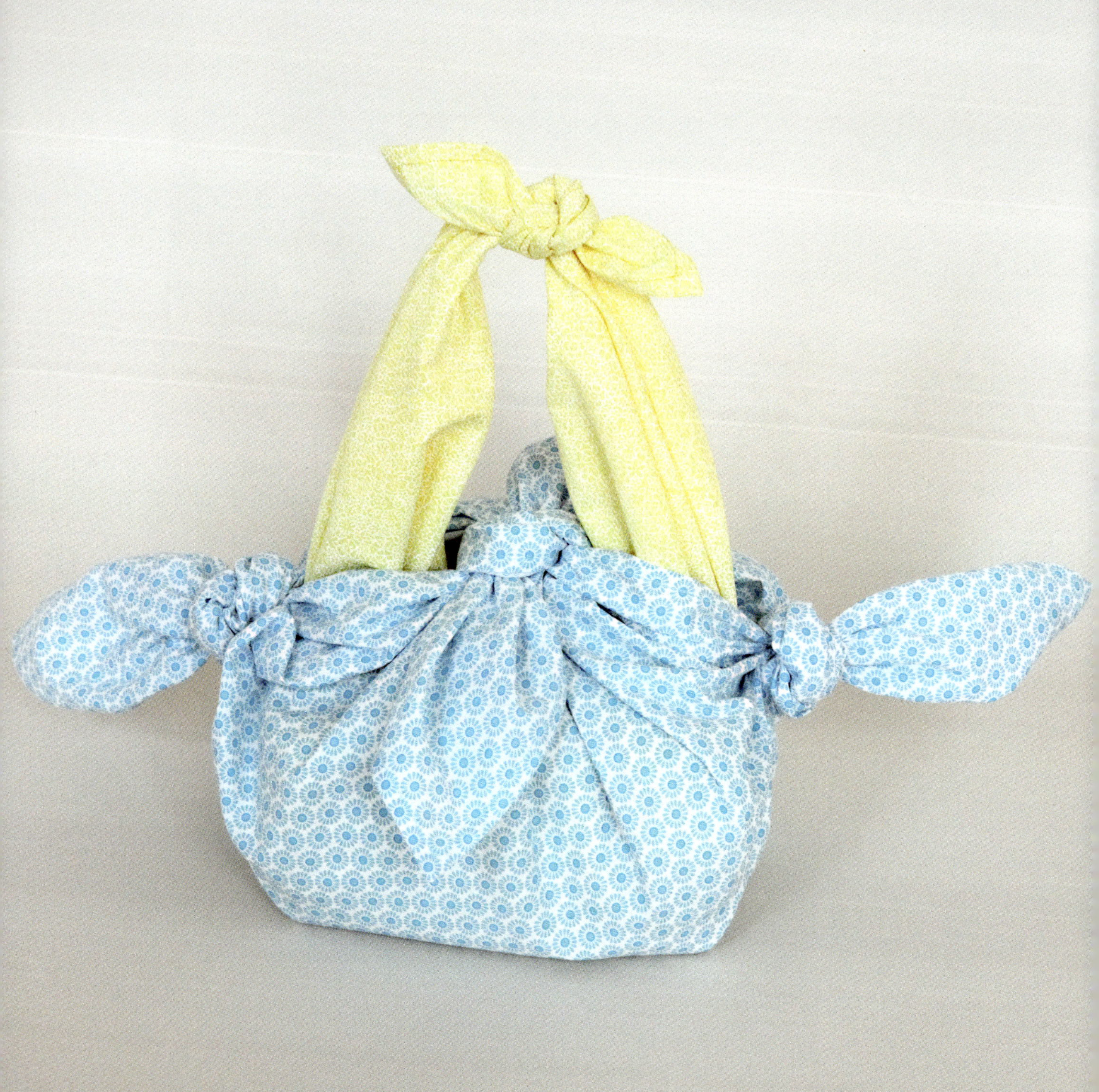

Zweifarbige Verpackung – *nishoku-baggu*

Größen

2 Furoshiki mit 50 cm Seitenlänge: für einen max. 19 x 13 x 7 cm großen Gegenstand
2 Furoshiki mit 70 cm Seitenlänge: für einen max. 23 x 17 x 10 cm großen Gegenstand
2 Furoshiki mit 90/105 cm Seitenlänge: für einen Tragesack

Verwendung

Bei dieser Verpackung kann man mit den Farben und Motiven spielen. Der Wrap eignet sich auch als Strandtasche oder Handtasche.

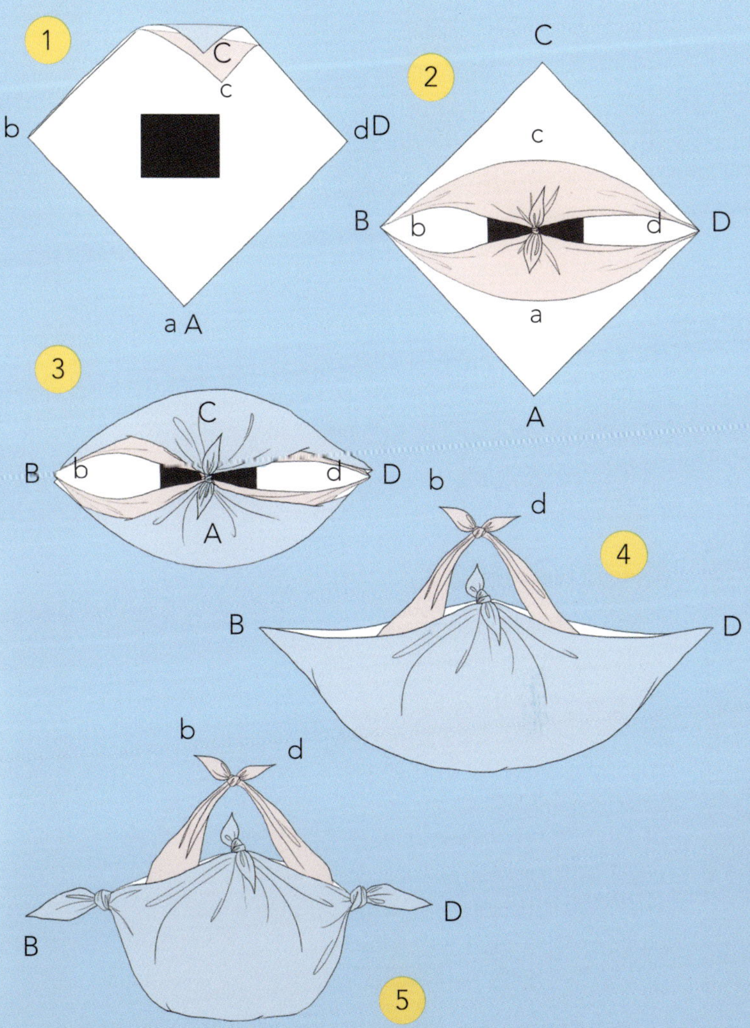

Knoten-Wrap

1. Die beiden Tücher jeweils mit der linken Seiten nach oben aufeinanderlegen und ausbreiten. Den Gegenstand in der Mitte platzieren.
2. **a** und **c** zu einem Kreuzknoten binden, um den Gegenstand zu fixieren.
3. Darüber **A** und **C** zu einem Kreuzknoten binden.
4. Die Enden von **b** und **d** zu einem Kreuzknoten binden.
5. **B** und **D** jeweils eng am Gegenstand zu einem einfachen Knoten binden.

Verpackung mit Rosenknospe

rôzu-tsutsumi

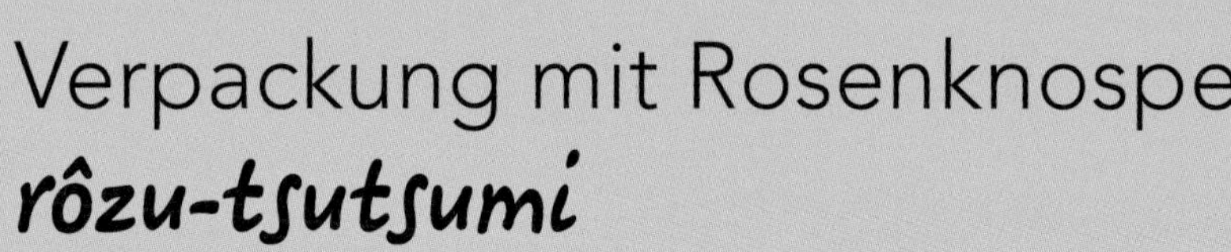

Größen

50 cm: für eine Schachtel oder einen Gegenstand, max. 16 x 11 x 8 cm groß
70 cm: für eine Schachtel oder einen Gegenstand, max. 23 x 27 x 10 cm groß

Verwendung

Wenn Sie einen festen Stoff verwenden, bleiben die Zipfel aufgerichtet, wodurch der Eindruck von Hasenohren entsteht. Bei weichem Material wirken die Zipfel wie fallende Blätter.

Knoten-Wrap

1. Das Tuch mit der linken Seite nach oben ausbreiten. Den Gegenstand in der Mitte platzieren.
2. Die Enden **a**, **b** und **c** zusammenfassen, mit der anderen Hand entlang der drei Stoffzipfel nach unten bis zum Gegenstand streichen und an dieser Stelle halten.
3. **d** um die drei Zipfel wickeln und anschließend zu einem einfachen Knoten binden.
4. Für die Rosenknospe **b** um den Zeigefinger zwirbeln, den Finger herausziehen und das Zipfelende in das dadurch entstandene Loch schieben. Die anderen Zipfel nach Wunsch drapieren.

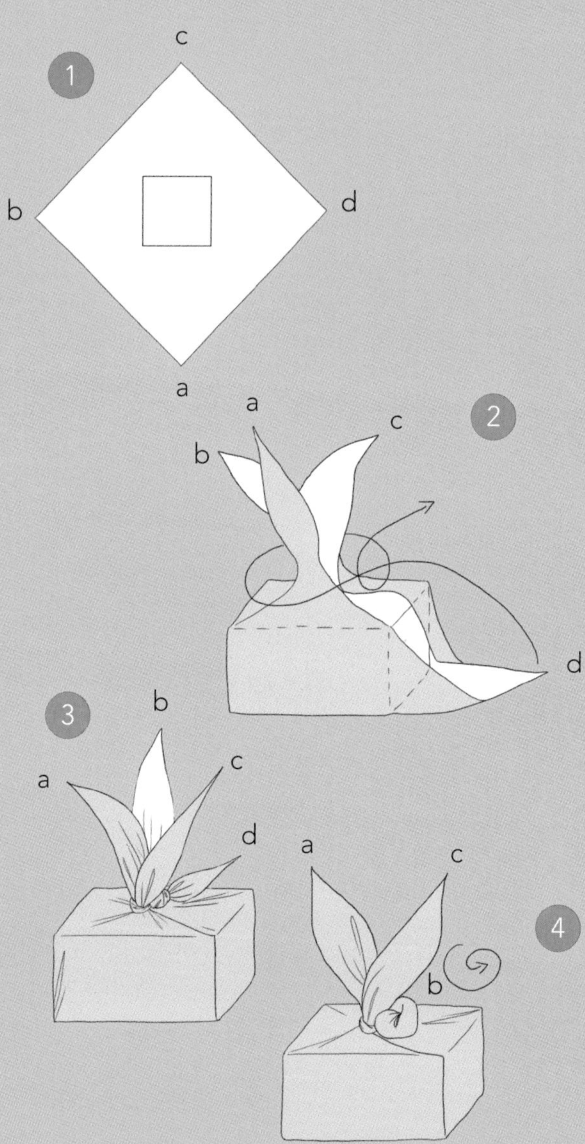

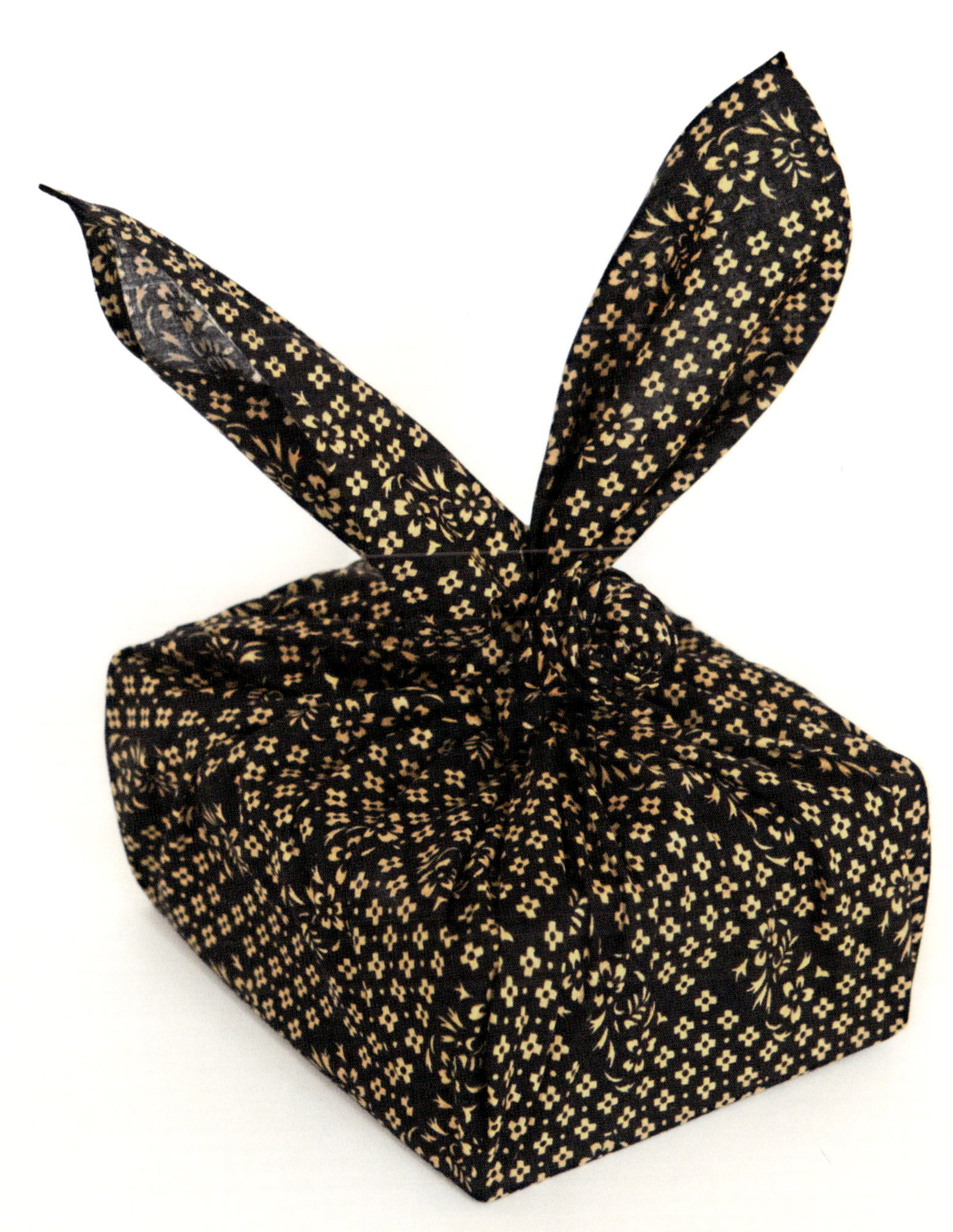

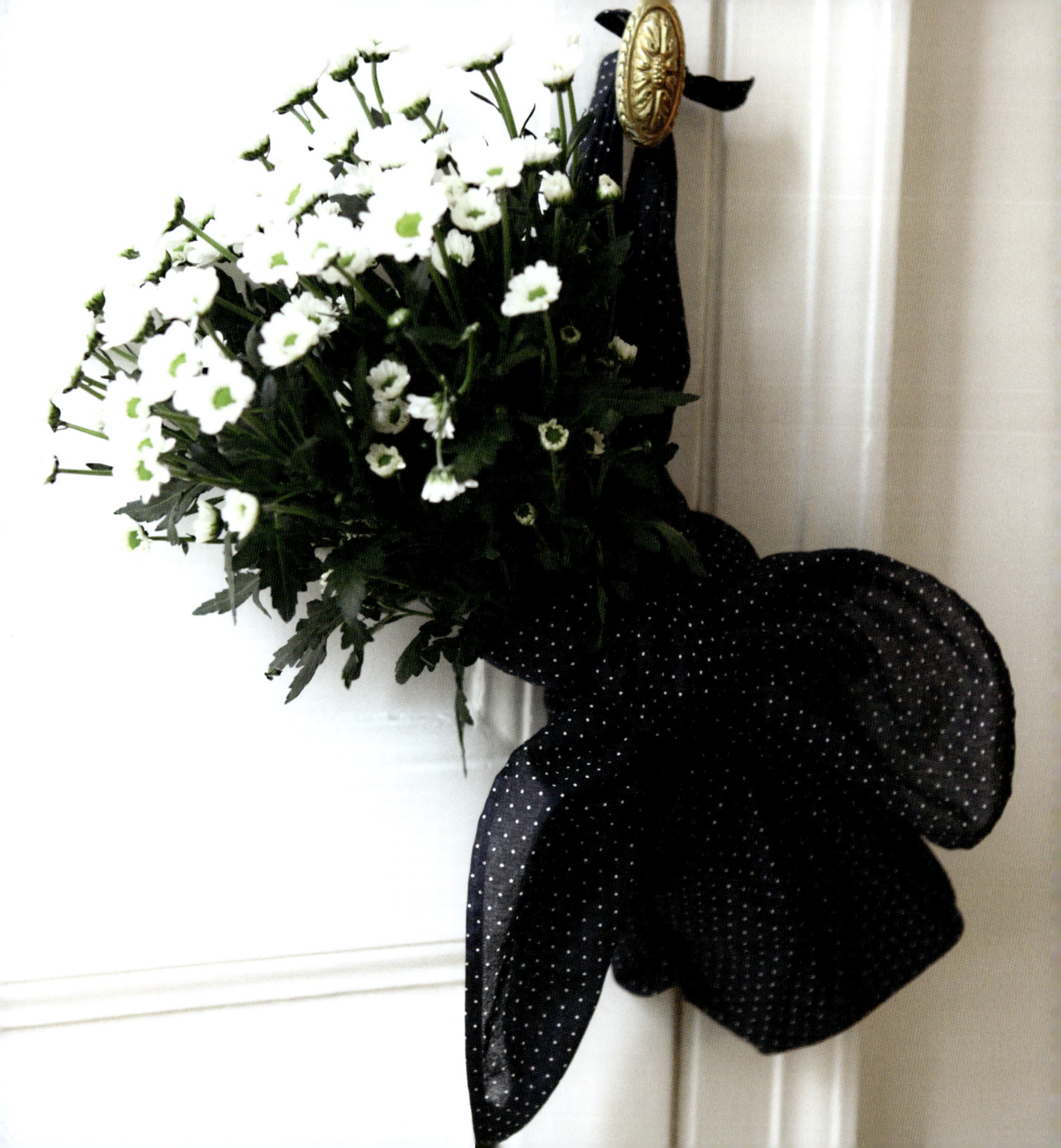

Verpackung für einen Blumenstrauß
hanataba-tsutsumi

Größen

90 cm: für einen mittelgroßen Blumenstrauß

Verwendung

Für einen Strauß frischer, getrockneter oder künstlicher Blumen oder – für Leckermäuler – für einen Strauß mit Süßigkeiten oder Schokolade am Stiel.

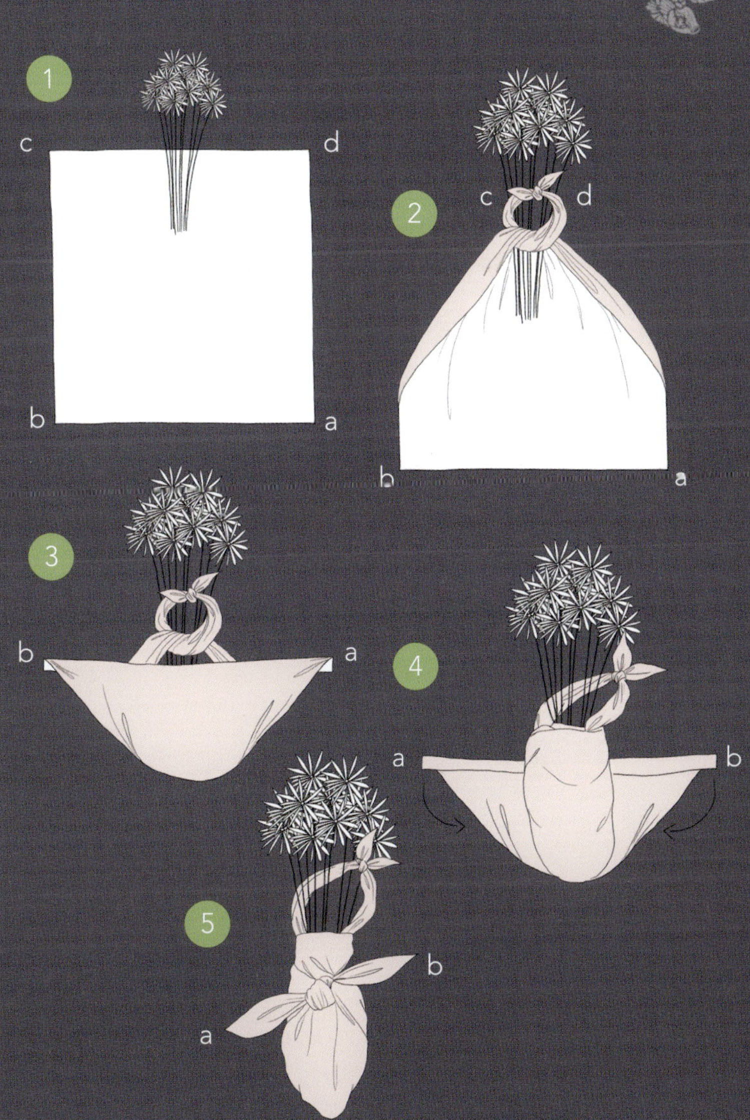

Knoten-Wrap

1. Tuch mit der linken Seite nach oben ausbreiten. Den Blumenstrauß so in der Mitte platzieren, dass sich die Blüten außerhalb des Tuches befinden.
2. Um die Stiele mit **c** und **d** einen gezwirbelten Henkel binden (siehe S. 12).
3. Die Seite **ab** nach oben falten und die Kante dabei nach innen umschlagen.
4. Den Blumenstrauß umdrehen.
5. **a** und **b** zu einem Kreuzknoten binden.

Verpackung für eine Topfpflanze - *ueki-kazari*

Größen

50 cm: für einen Blumentopf mit 10 cm Durchmesser, 10 cm hoch
70 cm: für einen Blumentopf mit 18 cm Durchmesser, 15 cm hoch
90 cm: für einen Blumentopf mit 26 cm Durchmesser, 20 cm hoch
105/118 cm: für einen Blumentopf mit 36 cm Durchmesser, 25 cm hoch

Verwendung

Als Geschenkverpackung für eine Topfpflanze oder als dekorativer Stoffüberzug für Zimmerpflanzen.

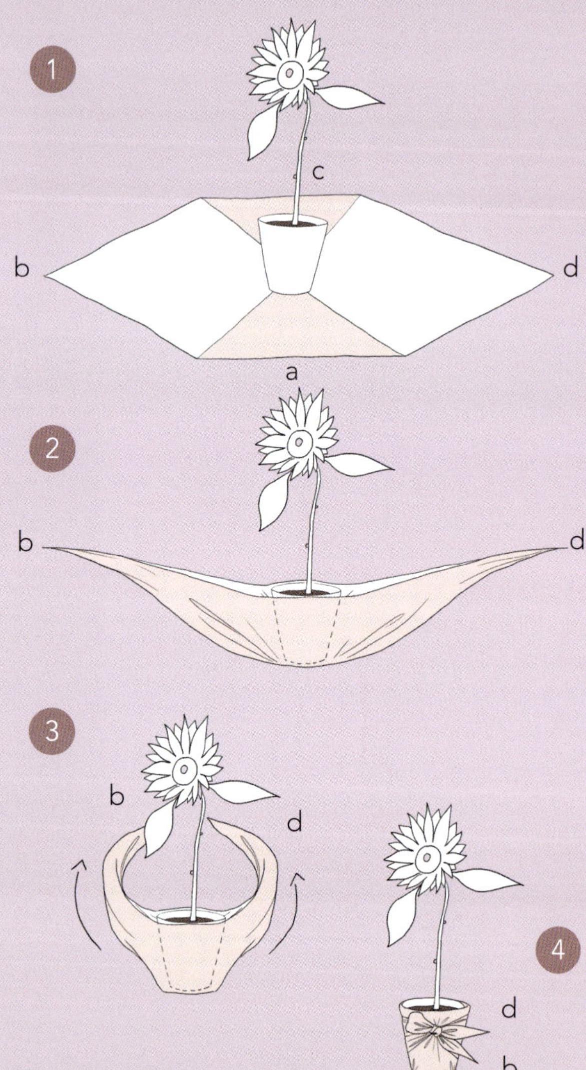

Knoten-Wrap

1. Tuch mit der linken Seite nach oben ausbreiten. Die Ecken **a** und **c** zur Mitte hin falten, sodass der umgeklappte Tuchstreifen etwa so hoch ist wie der Blumentopf. Den Blumentopf in der Mitte platzieren.
2. Die Tuchstreifen nach oben falten.
3. **b** und **d** hinter den Topf führen.
4. **b** und **d** je nach Länge der Zipfel zu einem Knoten mit Schlaufe (siehe S. 13) oder einem Kreuzknoten binden.

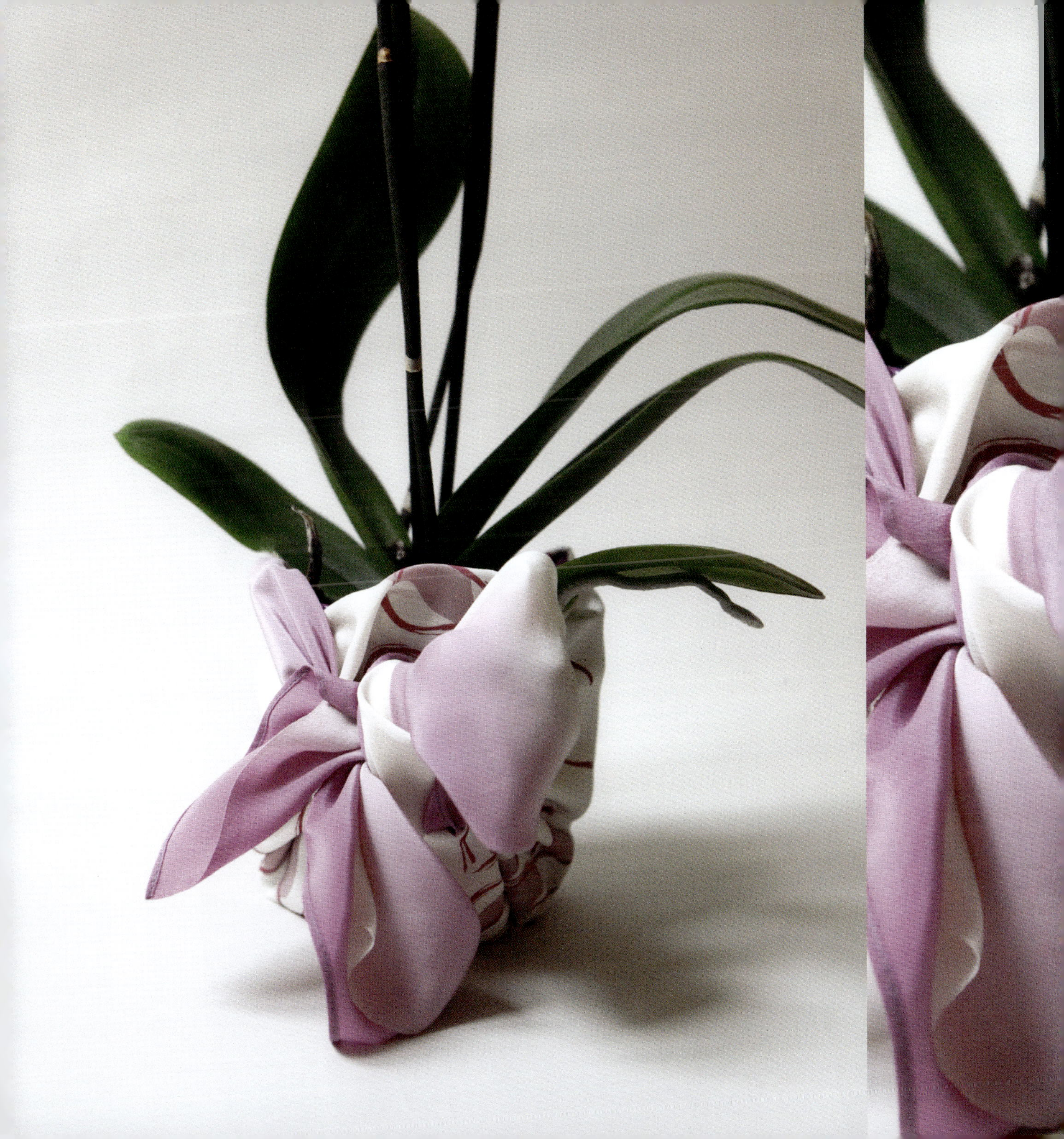

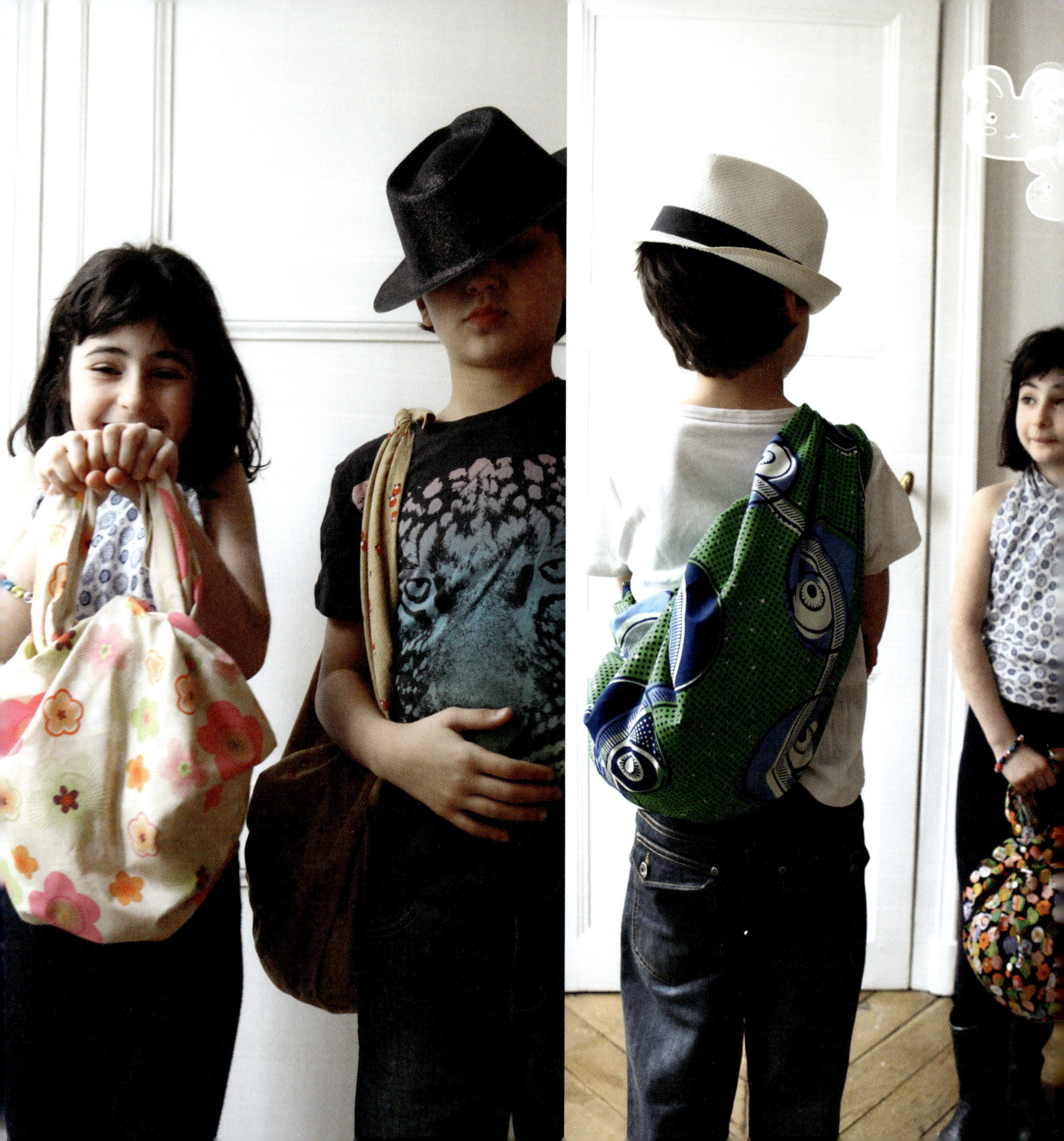

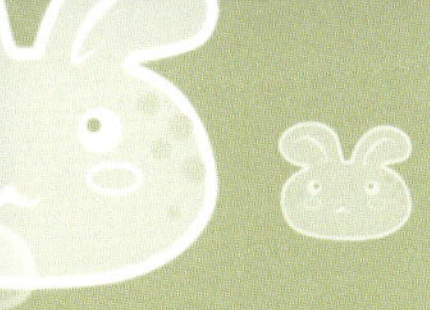

Furoshiki für Kinder

Ab etwa 5 Jahren können Kinder mit der furoshiki-Technik vertraut gemacht werden, denn in diesem Alter wissen sie, wie man Kreuzknoten bindet. Auf diese Weise werden die Feinmotorik geschult, geometrische Formen spielerisch erklärt und ökologisches Bewusstsein gegenüber der Verwendung von Plastiktüten und Geschenkpapier gefördert.

Ein Furoshiki zum Spielen, Kuscheln und Verwandeln!

Ein Furoshiki passt perfekt in den Alltag eines Kindes, denn ein solches Tuch kann den ganzen Tag über in unterschiedlichsten Situationen und Varianten verwendet werden, sei es als Spielzeugsack, als Behälter für die Brotbüchse, Sportbeutel, Büchertasche, Picknickkorb, Haarband oder Schal, als Umhang für einen Superhelden, Prinzen oder eine Prinzessin, als Decke für die Puppenküche, Puppentragetuch, Kuscheldecke, Marionette. Der Fantasie sind keine Grenzen gesetzt!

Kinder macht es auch Spaß, Geschenke für Freunde oder Familienmitglieder mit einem Furoshiki einzupacken. Diese lassen sich individuell gestalten, indem ein Namensetikett, Anhänger, Perlen, Bänder, Flechtschnüre oder ähnliche Dinge angebracht werden. So lässt sich die schlichte Verpackung mit einem Zipfel – *otsukai-tsutsumi* – (siehe S. 58) in einen Eulenkopf verwandeln, indem zwei Knöpfe oder runde Filzscheiben links und rechts vom Knoten befestigt werden.

Hier noch eine Idee für eine Geburtstags- oder Schulfeier: Halten Sie mehrere einfarbige Stoffquadrate bereit (eingesäumt oder mit der Zickzackschere zugeschnitten), die die Kinder mit Textilmarker oder -farbe bemalen können. (Falls Sie keinen Stoffvorrat haben, können Sie natürlich auch ausgediente Schals, Laken, Bandanas, Pareos usw. verwenden.) Zeigen Sie anschließend einige einfache Knoten-Wraps. So können die kleinen Gäste ein nützliches, selbst gestaltetes Mitbringsel mit nach Hause nehmen.

Furoshiki-Maße nach Altersgruppen

Tasche für Kinder von 2 bis 6 Jahren: 70 x 70 cm
Tasche für Kinder von 7 bis 9 Jahren: 90 x 90 cm
Tasche für Kinder von 10 bis 15 Jahren: 105 x 105 cm

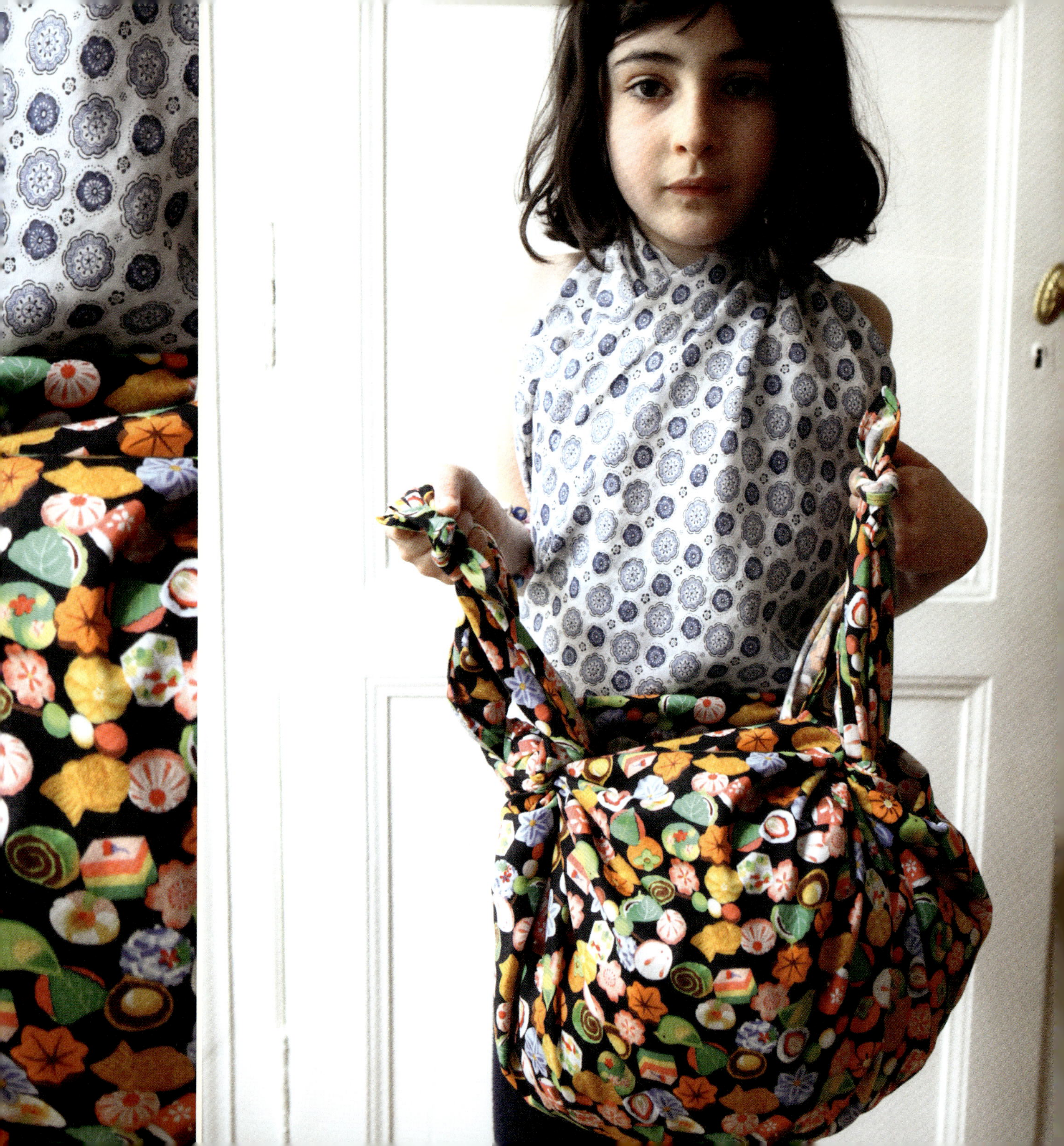

Tasche für Proviant – *oyatsu-baggu*

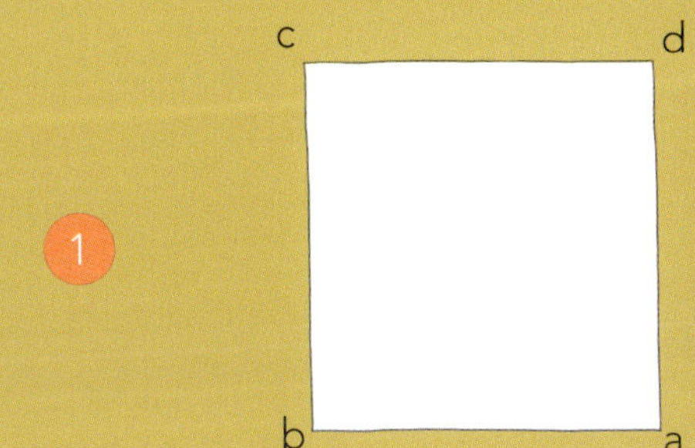

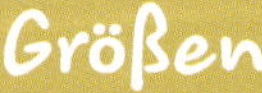

Größen

70 cm: für einen kleinen Imbiss (Kekse, Obst, Wasser) oder als kleiner Schatzbeutel
90 cm: für einen großen Imbiss, einen Sandhaufen, Ostereier, als Handtasche

Verwendung

Um Brotzeit mitzunehmen, für die Ostereiersuche, aber auch, um kleine Schätze aufzubewahren, Sand am Strand zu transportieren oder als kleine Handtasche.

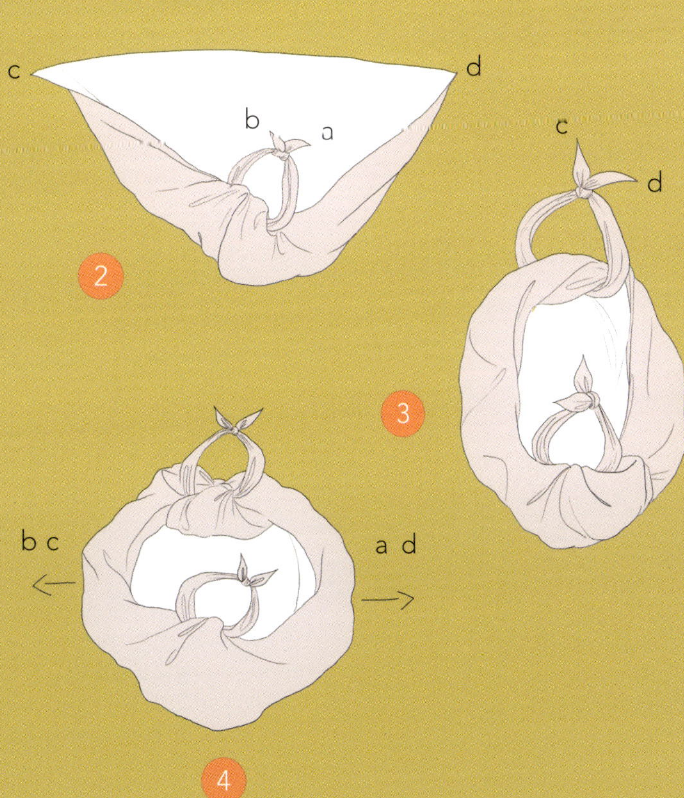

Knoten-Wrap

1. Das Tuch mit der linken Seite nach oben ausbreiten.
2. **a** und **b** zu einen gezwirbelten Taschenhenkel binden (siehe S. 12), dabei den ersten Knoten fest anziehen.
3. Schritt 2 mit **c** und **d** wiederholen.
4. Um die Tasche zu öffnen, die Seiten **ad** und **bc** auseinanderziehen. Zum Schließen jeweils an beiden Seiten eines Henkels ziehen.

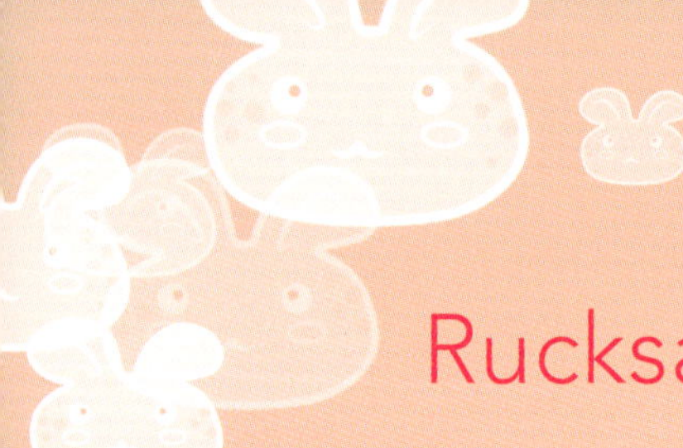

Rucksack für Kinder – chairudo-ryukku

Größen

Verwenden Sie zwei Tücher
1 Tuch mit 70 cm + 1 Tuch mit 50 cm:
für 6–7-jährige Kinder
1 Tuch mit 90 cm + 1 Tuch mit 70 cm:
für 8–15-jährige Kinder

Verwendung

Zum Bummeln, für Sportsachen oder ein Picknick.

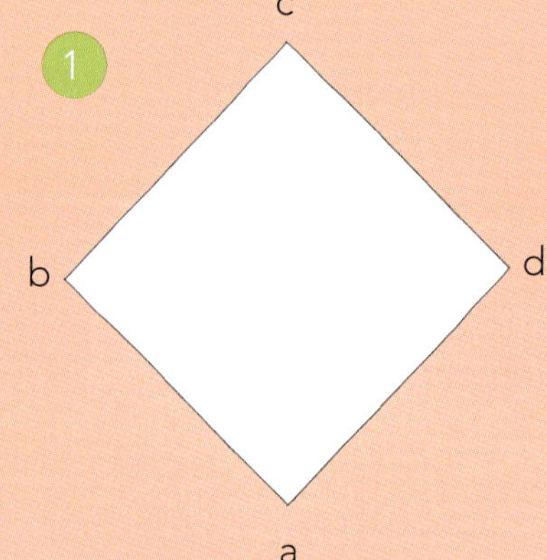

Knoten-Wrap

Träger

1. Das kleine Tuch mit der linken Seite nach oben ausbreiten.
2. Ecke **a** auf **c** legen, sodass ein Dreieck entsteht.
3. Das Tuch von unten zur Spitze des Dreiecks aufrollen.

Beutel (siehe Seite 31 für das Knoten-Schema)

1. Das große Tuch mit der linken Seite nach oben ausbreiten.
2. Ecke **A** auf Ecke **C** legen, sodass ein Dreieck entsteht.
3. **A** und **C** an den Enden zu einem Knoten binden und diesen ein wenig anziehen.
4. Die Mitte des Trägers auf den Knoten legen und darüber **A** und **C** zu einem Kreuzknoten binden, wodurch der Träger fixiert wird.
5. **b** und **B** sowie **d** und **D** jeweils an den Enden zu einem Kreuzknoten binden.

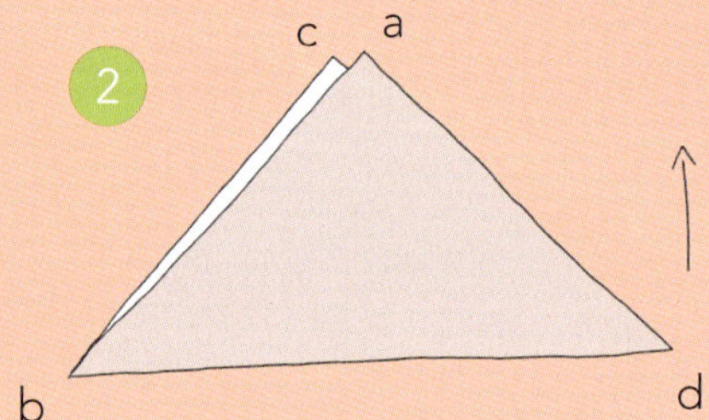

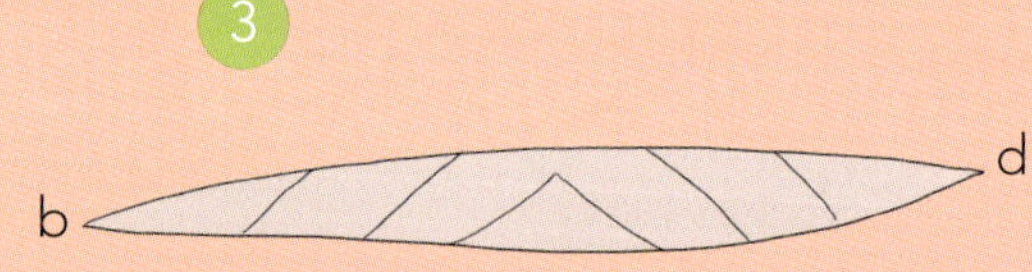

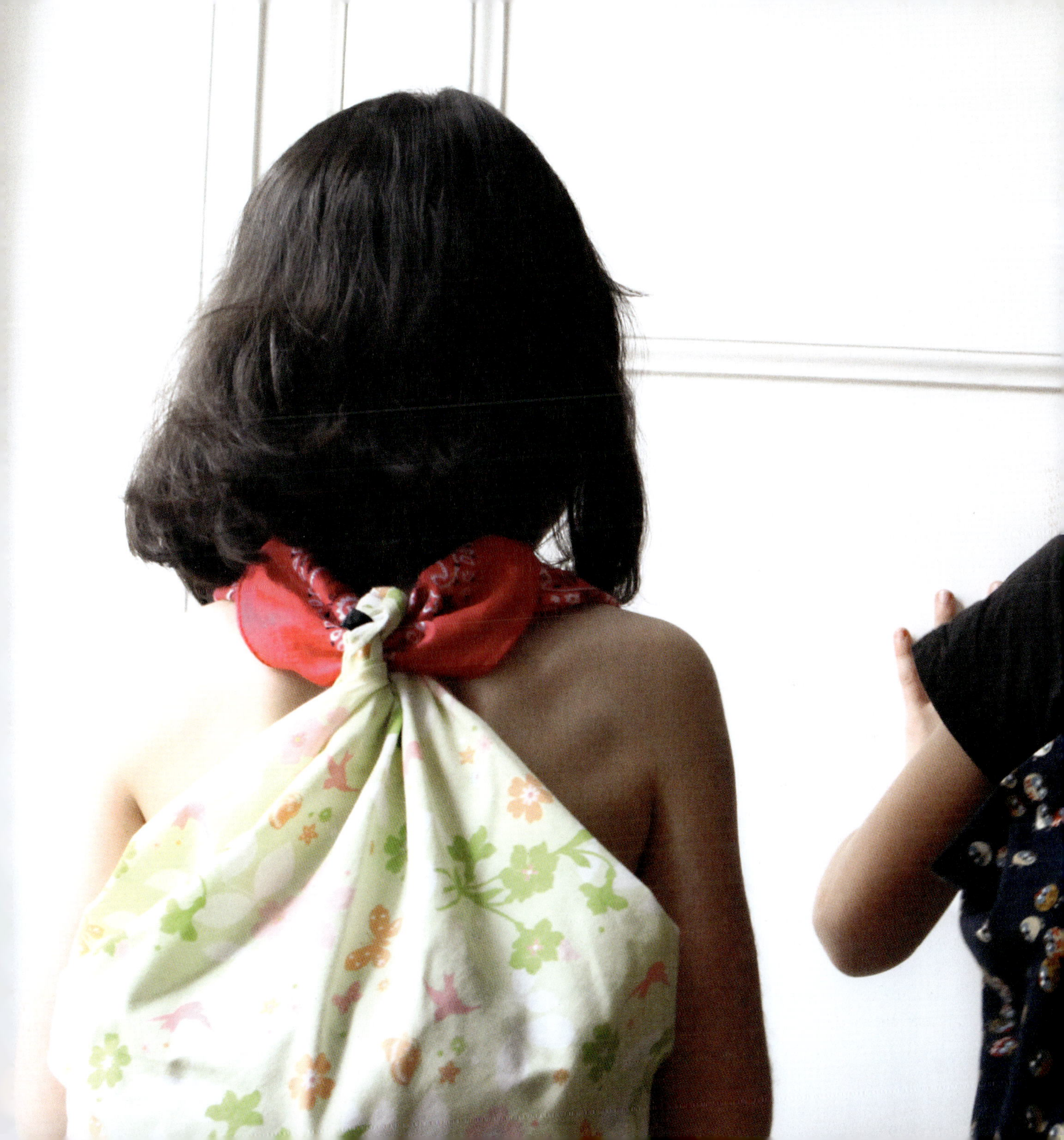

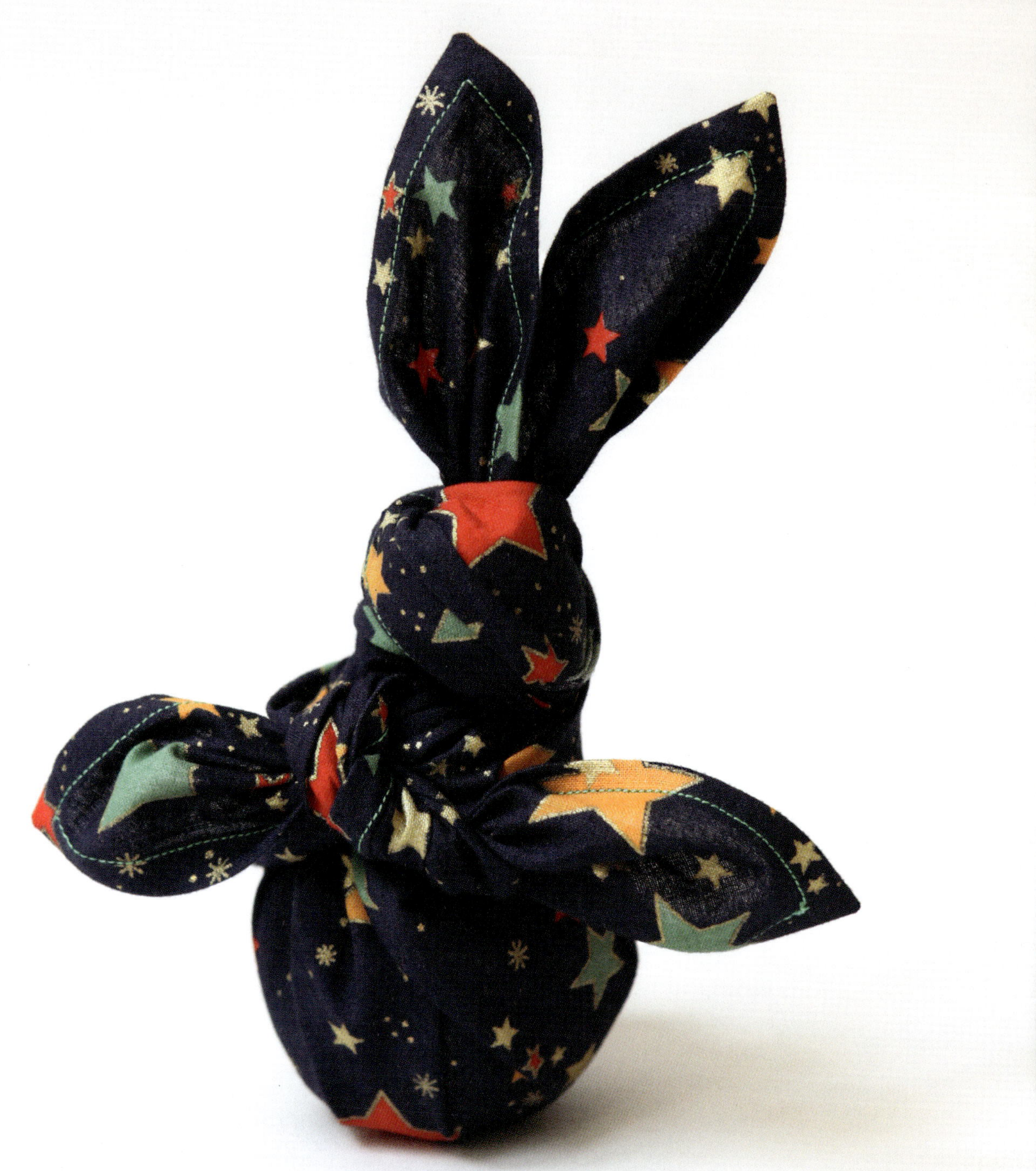

Verpackung in Häschenform *usagi-tsutsumi*

Größen

50 cm: für eine runde Frucht, eine kleine Bonbontüte, ein Murmelsäckchen oder ein Marmeladenglas
70 cm: für eine größere Tüte Bonbons, Murmeln, Kekse oder ein Schmusetier
100/105 cm: um einen Pyjama zu verstauen

Verwendung

Um eine Frucht (Apfel, Mandarine, Orange), eine Tüte Bonbons oder ein kleines Geschenk dieser Größe (z. B. ein Säckchen mit Murmeln) einzupacken. Wenn man die Form mit ausrangierten Lumpen oder Strümpfen ausstopft, ist dieser Häschen-Wrap in wunderbares Schmusetier. Er kann aber auch als raffinierte Aufbewahrung für den Pyjama dienen.

Knoten-Wrap

Für diesen Wrap eignet sich am besten ein dünner Baumwollstoff.

1. Das Tuch mit der linken Seite nach oben ausbreiten. Den Gegenstand oder das Füllmaterial in der Mitte platzieren.
2. Die beiden Zipfel **a** und **c** zusammenfassen und zu einem einfachen Knoten binden (siehe S. 10), der die Ohren darstellt.
3. **b** und **d** auf der Rückseite kreuzen.
4. Die Zipfel wieder nach vorne führen und zu einem Kreuzknoten binden.

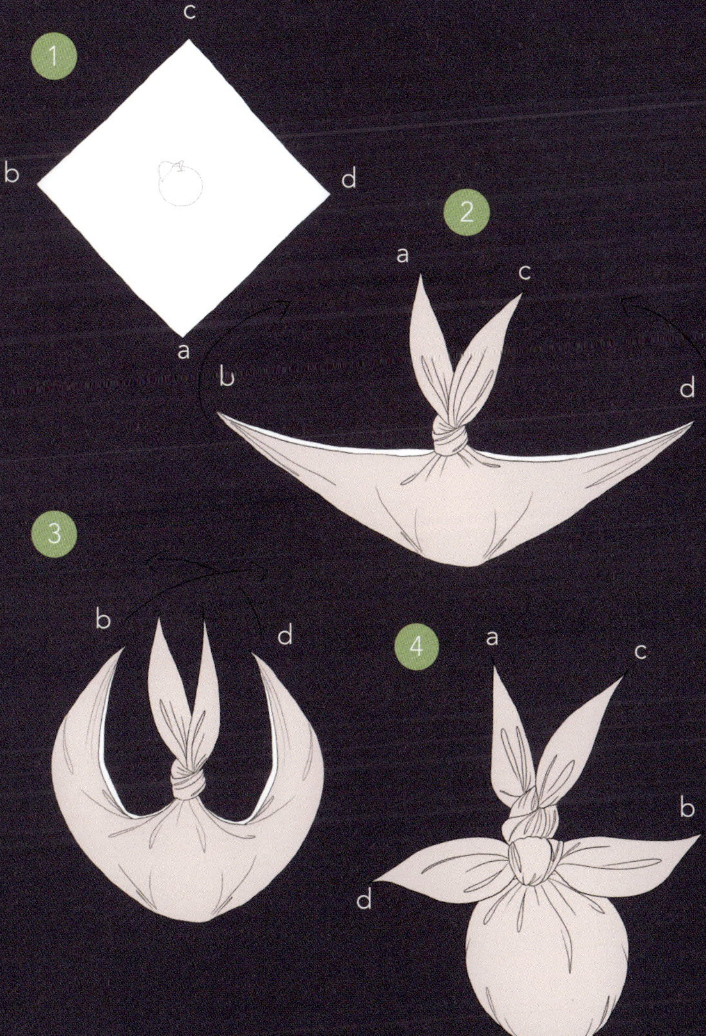

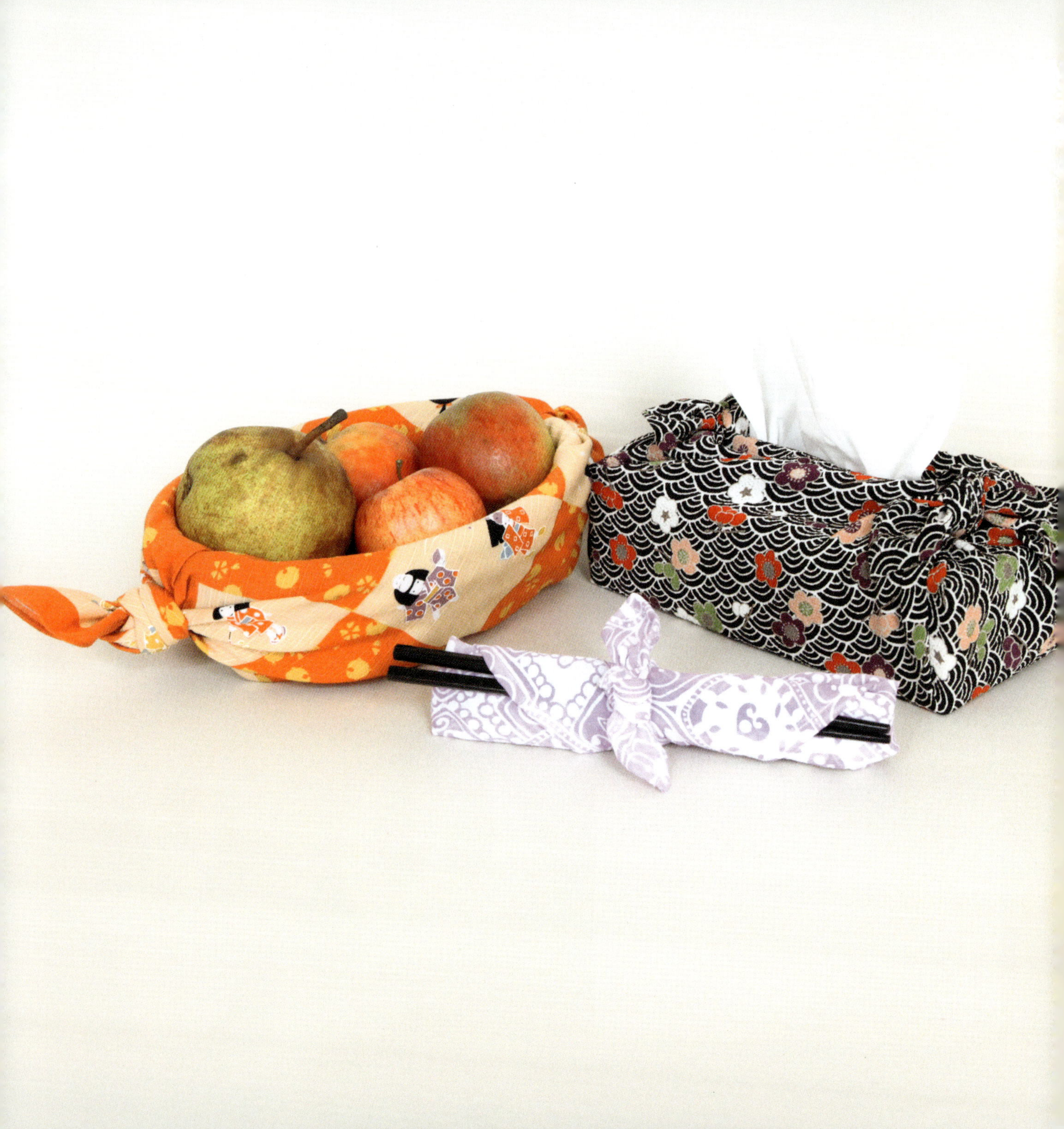

Dekoration für Tisch und Couch

Ein Furoshiki eignet sich auch großartig, um Ihr Zuhause zu verschönern. Es kann einfach wie ein Bild an die Wand gehängt werden, Sie können es aber auch verwenden, um eine Couch gemütlich zu machen oder um Kissen ein neues Outfit zu verpassen. Im Nu verleiht ein Furoshiki einem Candlelight-Dinner eine besondere Stimmung oder einer Festtafel eine charmante Note.

Materialien

Sie können auf die gleichen Stoffe zurückgreifen, die Sie zum Verpacken von Geschenken verwenden (Siehe S. 57).

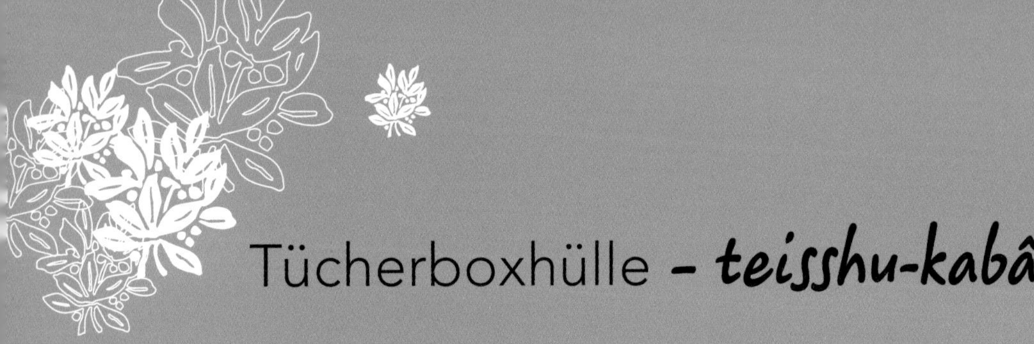

Tücherboxhülle – *teisshu-kabâ*

Größen

50 cm: für eine Tücherbox
in Standardgröße

Verwendung

Mit diesem Wrap können Sie Ihre Tücherbox verschönern, einen Wunschzettelkasten oder eine originelle Spardose gestalten.

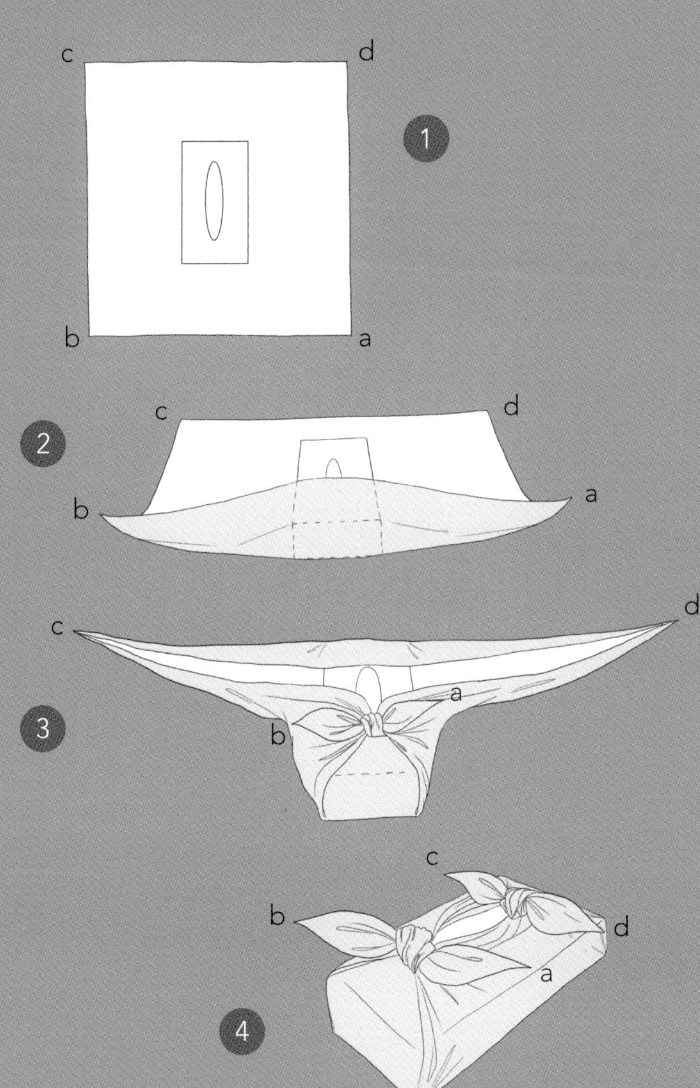

Knoten-Wrap

1. Das Tuch mit der linken Seite nach oben ausbreiten. Die Box in der Mitte platzieren.
2. Die Kante **ab** umklappen und auf die Box legen.
3. **a** und **b** auf der Box zu einem Kreuzknoten binden.
4. Die Schritte 2 und 3 mit der Kante **cd** und den Zipfeln **c** und **d** wiederholen.

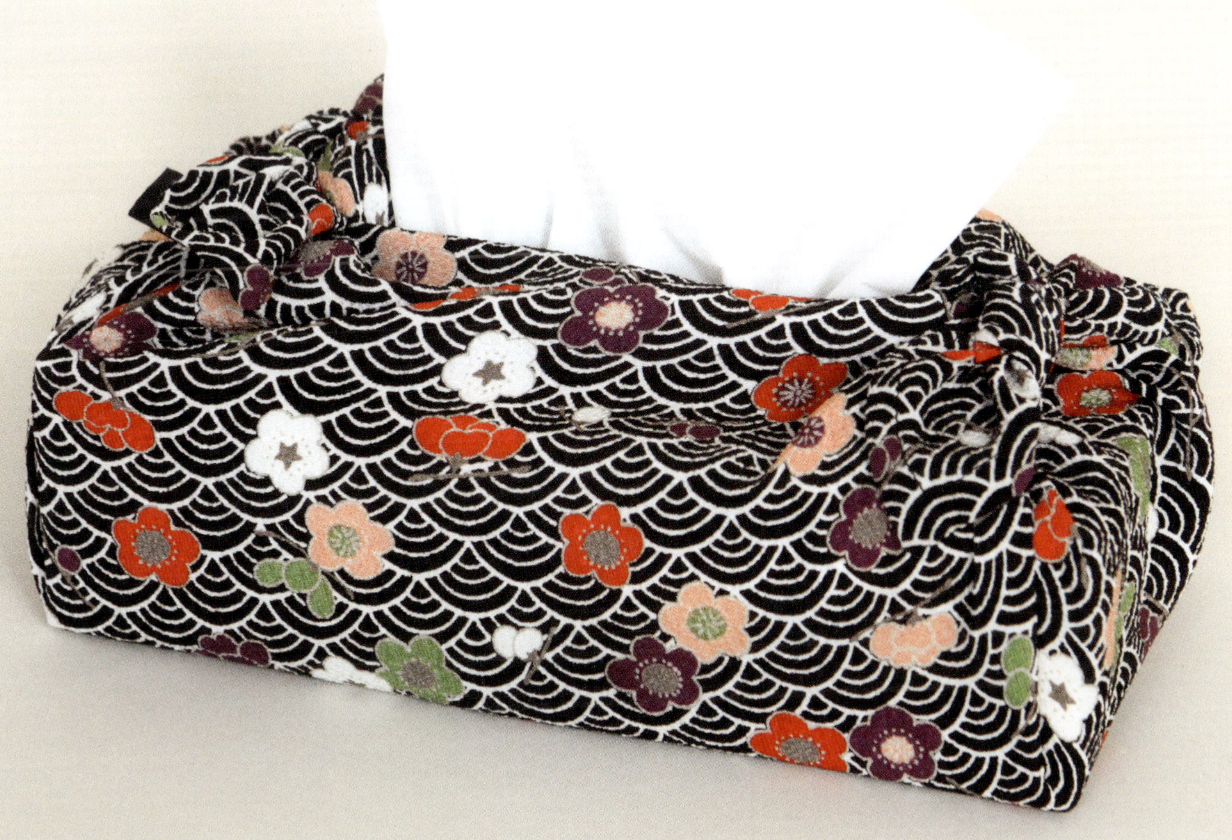

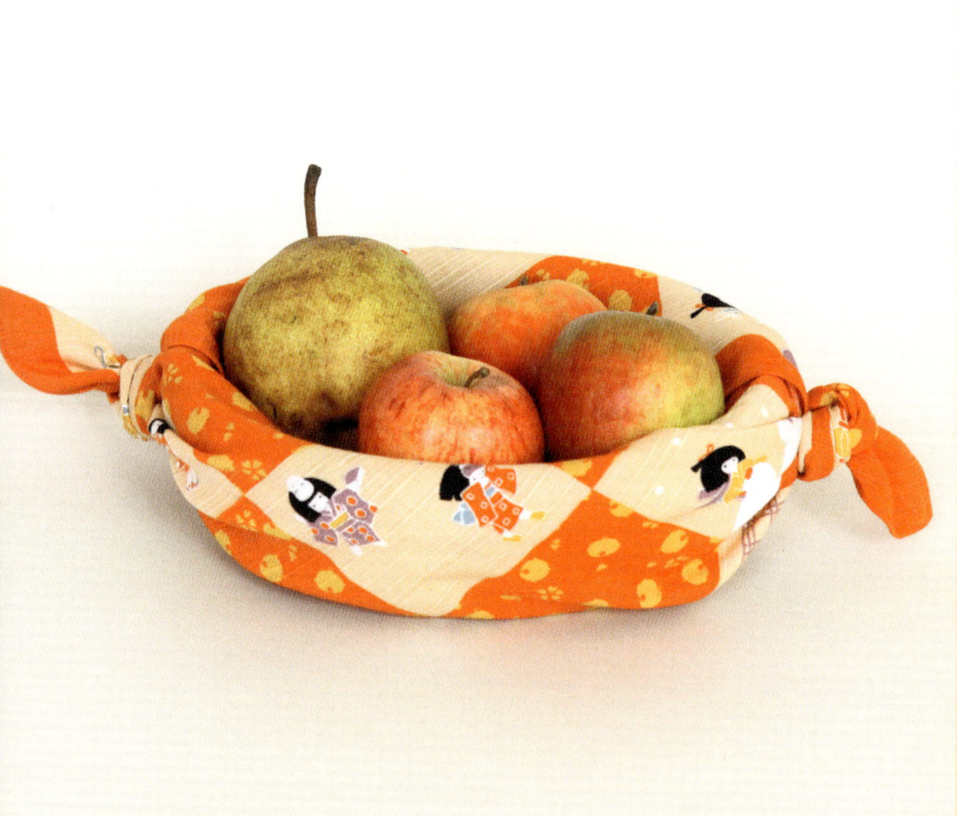

Größen

50 cm: für ein Körbchen, ca. 23 x 18 x 8 cm groß
70 cm: für ein Körbchen, ca. 23 x 18 x 8 cm groß mit Henkel
105 cm: für ein Körbchen, 38 x 30 x 19 cm groß mit Henkel
118 cm: für ein Körbchen, 43 cm Ø und 14 cm hoch mit Henkel

Verwendung

Dieser Wrap eignet sich als Brot- oder Obstkorb oder als Ablageschale.

Variante

Korb mit Henkel – *tesage kago-tsutsumi*: Mit einem Henkel wird aus dem Körbchen ein veritabler Korb, der groß genug ist, um Obst oder Eier einzusammeln, und der alle Leckereien für ein ausgiebiges Picknick fasst.

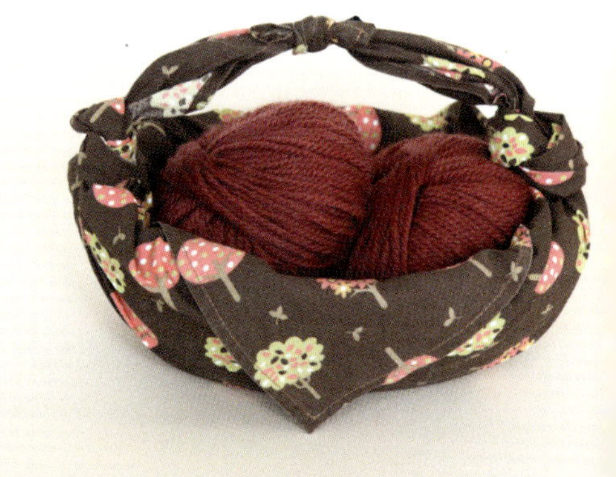

Körbchen *kago-tsutsumi*

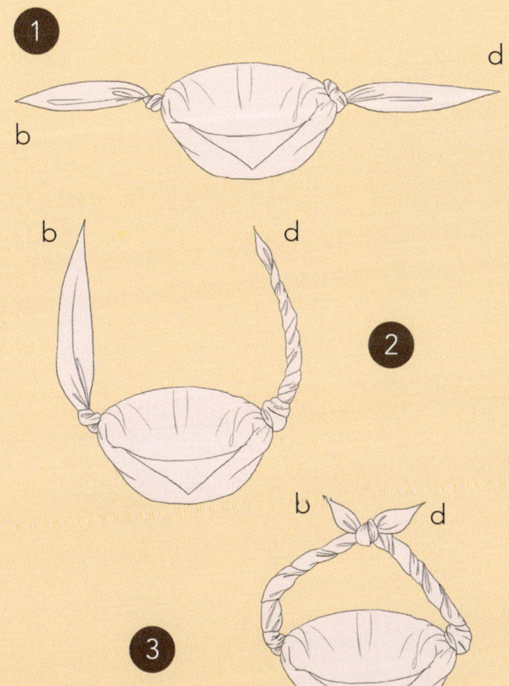

Variante: Korb mit Henkel – tesage kago-tsutsumi

1. Die Schritte 1 bis 4 ausführen.
2. **b** und **d** zwirbeln.
3. Die Enden zu einem Kreuzknoten binden.

Knoten-Wrap

1. Das Tuch mit der linken Seite nach oben ausbreiten. Das Körbchen in der Mitte platzieren.
2. Ecke a in den Korb klappen.
3. Ecke **c** darüberklappen; dabei der Form des Körbchens anpassen.
4. **b** und **d** jeweils dicht am Körbchenrand zu einem einfachen Knoten binden.

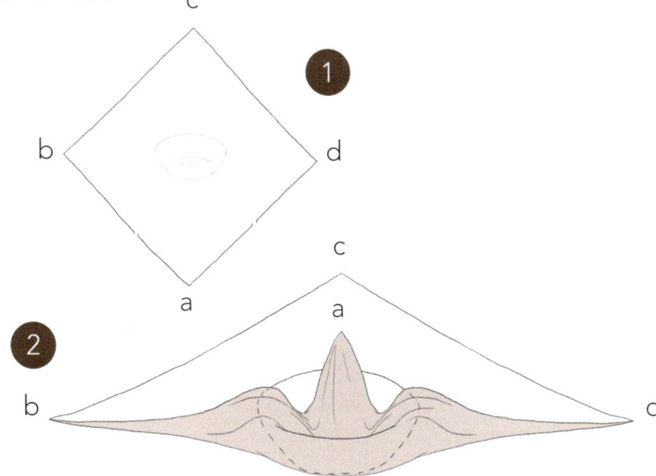

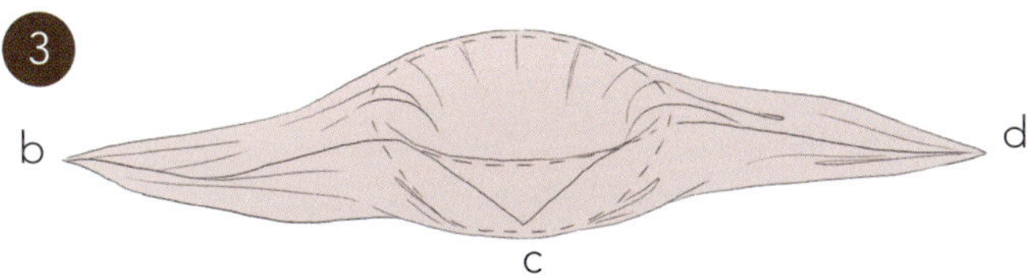

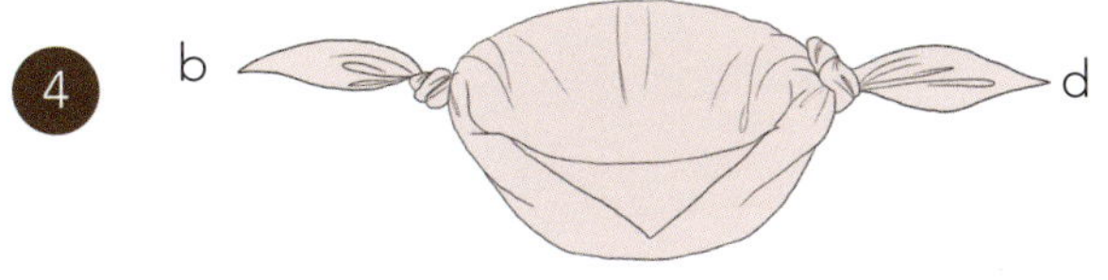

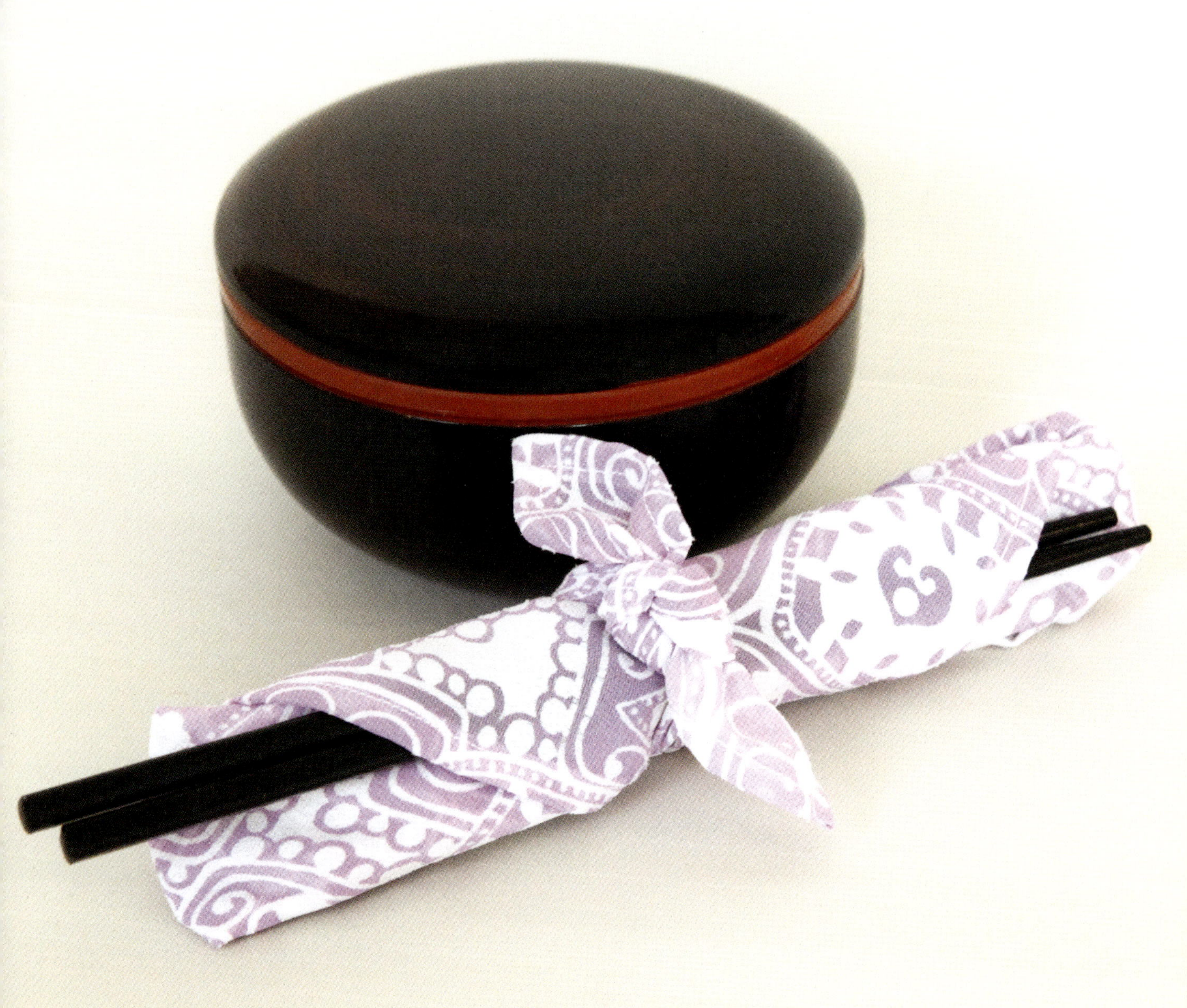

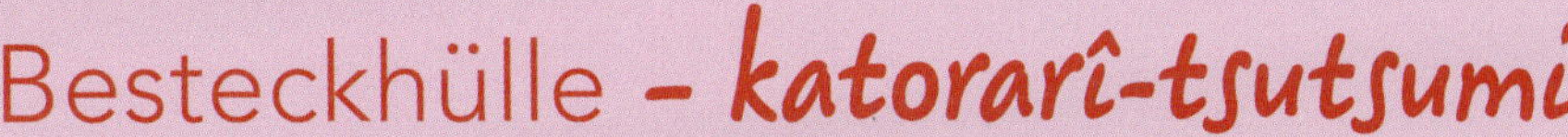

Besteckhülle – katorarî-tsutsumi

Größen

50 cm: für ein Messer, eine Gabel, einen Löffel und Essstäbchen

Verwendung

Für eine festliche Tafel oder ein Picknick. Statt Stäbchen kann man auch einen Trinkhalm dazu packen oder ein Kärtchen mit Namen.

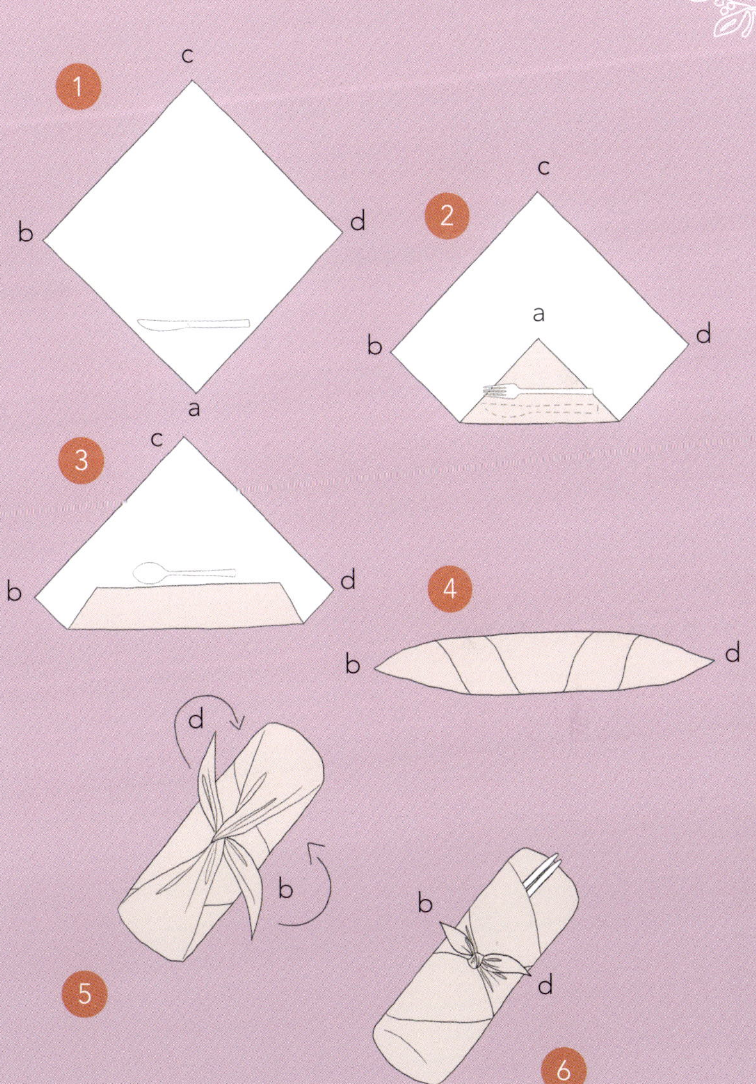

Knoten-Wrap

1. Das Tuch mit der linken Seite nach oben ausbreiten. Das Messer quer zu Ecke **a** platzieren.
2. Ecke **a** über das Messer klappen und die Gabel darauflegen.
3. Das eingewickelte Messer über die Gabel legen, den Löffel oberhalb platzieren.
4. Das Tuch aufrollen bis zur Ecke **c**.
5. **b** und **d** kreuzen, das Besteckpäckchen umdrehen, die Zipfel nach vorne führen und zu einem Kreuzknoten binden.
6. Die Essstäbchen auf der Vorderseite in die Besteckhülle stecken.

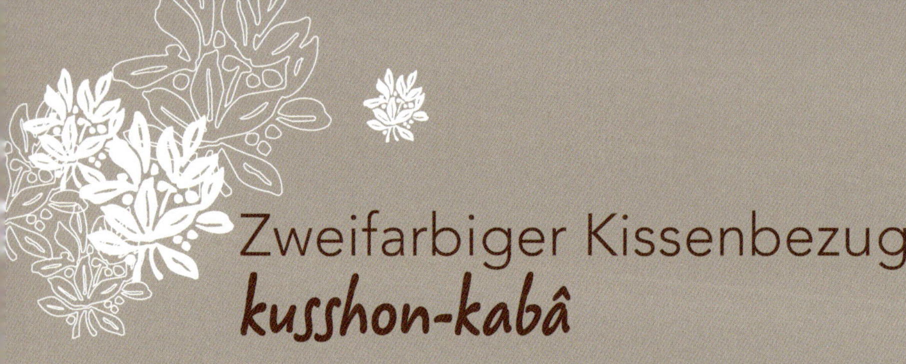

Zweifarbiger Kissenbezug
kusshon-kabâ

Größen

2 Furoshiki à 90 cm: für ein Kissen, ca. 40 x 40 x 5 cm groß

Verwendung

Wenn Sie häufig Ihre Kissenbezügen austauschen wollen. Die verschiedenen Modelle sind einfach zu binden und lassen sich ebenso einfach auflösen, z. B. um sie zu waschen.

Knoten-Wrap

1. Das erste Tuch mit der linken Seite nach oben ausbreiten. Das Kissen in der Mitte platzieren.
2. Die Ecke **a** auf das Kissen falten, anschließend Ecke **c** darüberklappen.
3. Separat das zweite Tuch mit der linken Seite nach oben ausbreiten. Die Enden **A** und **C** nacheinander nach innen klappen, sodass das Tuch der Kissengröße entspricht.
4. Das zweite Furoshiki auf das Kissen legen, wobei die Enden **A** und **C** nach innen zeigen und mit dem ersten Furoshiki ein Kreuz gebildet wird.
5. **b** und **d** auf dem Kissen zu einen Kreuzknoten binden.
6. Das Kissen umdrehen und Schritt 5 mit **B** und **D** wiederholen.

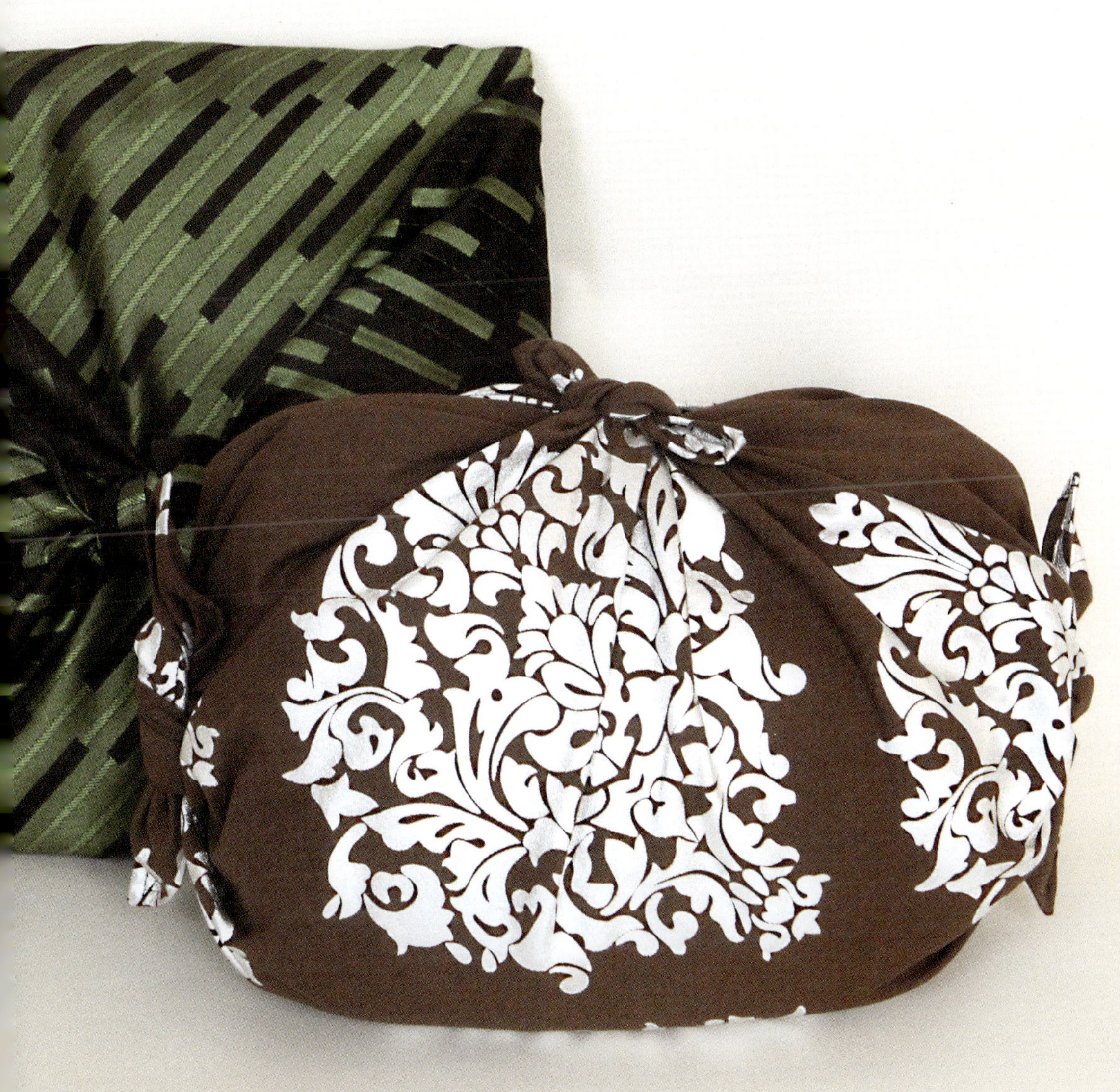

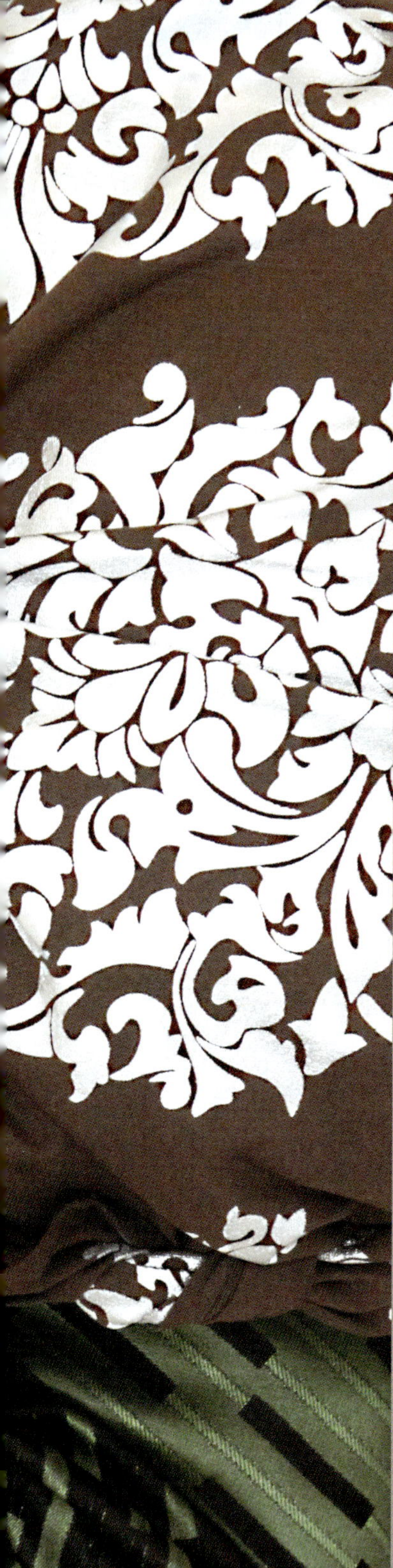

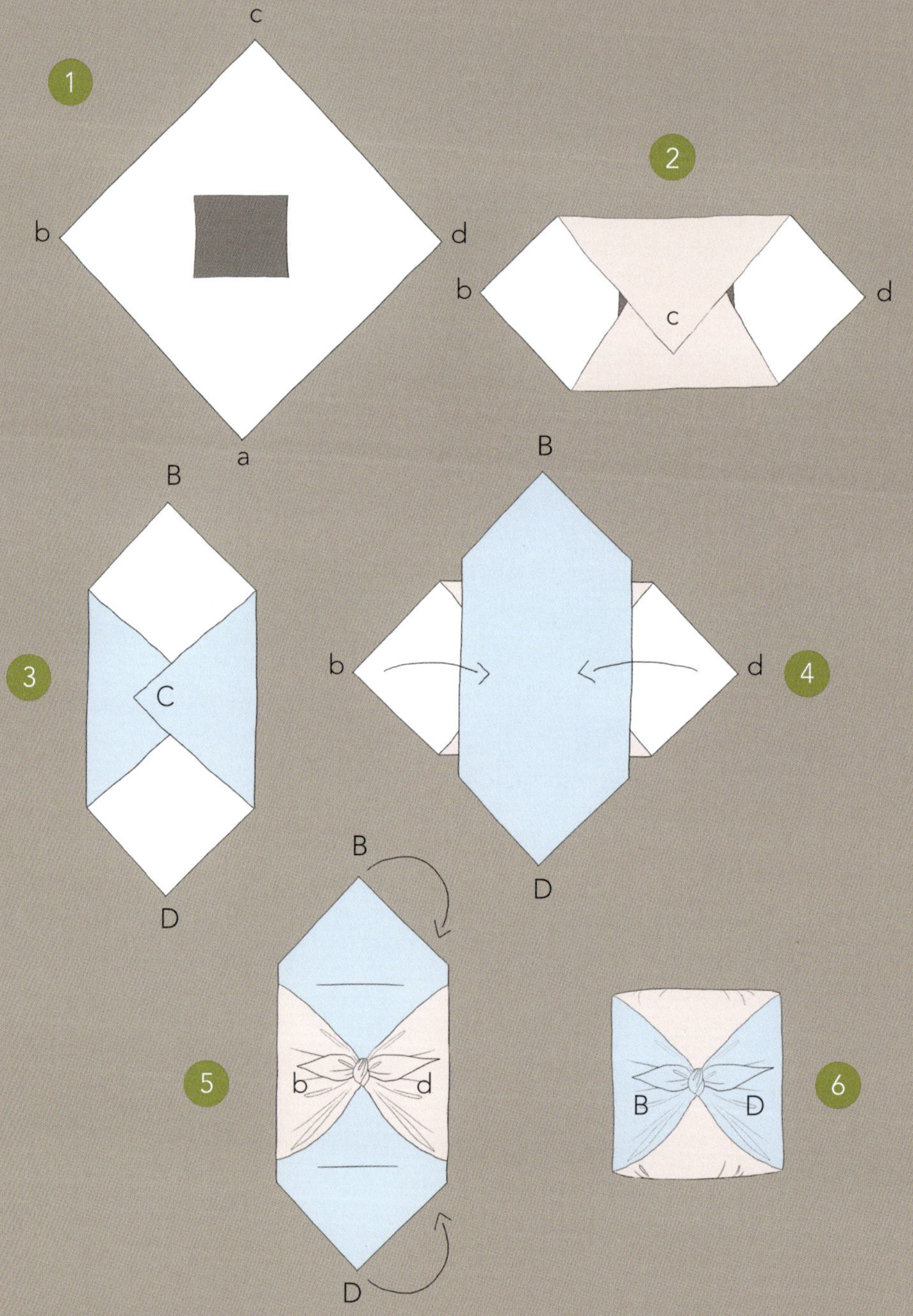

1
c
b
d
a

2
b
c
d

3
B
C
D

4
B
b
d
D

5
B
b
d
D

6
B
D

Zweifarbiger Kissenbezug 2
kusshon-kabâ 2

Größen

2 Furoshiki à 70 cm: für ein Kissen, ca. 40 x 40 x 5 cm groß

Verwendung

Eine weitere Methode, um aus zwei Furoshiki einen zweifarbigen Kissenhüllen-Wrap zu knoten.

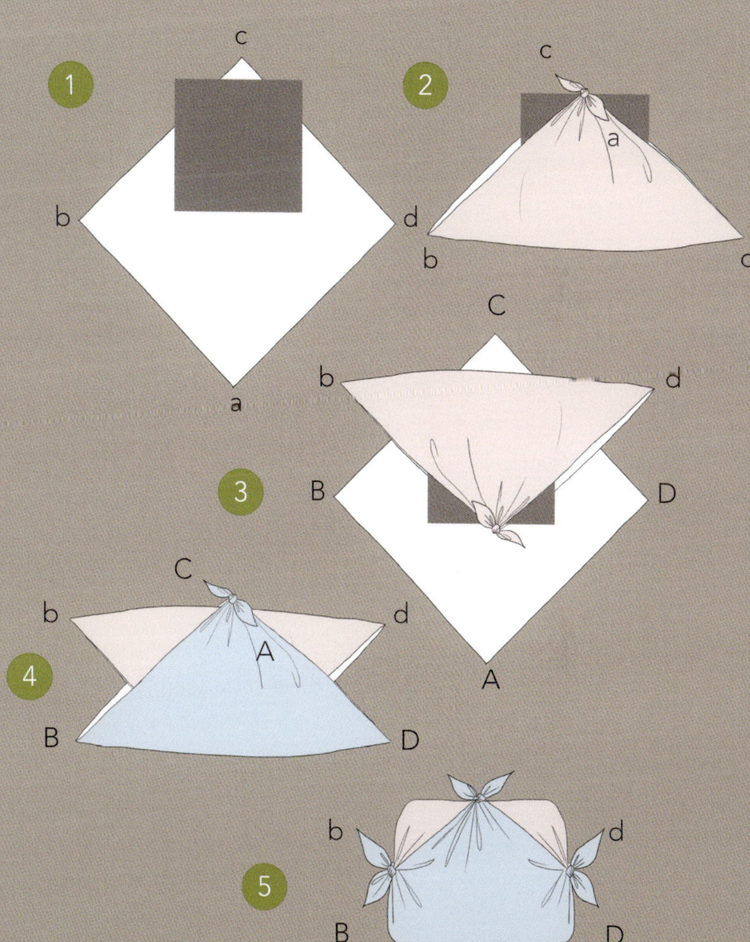

Knoten-Wrap

1. Die beiden Tücher mit den linken Seiten nach oben und aufeinander ausbreiten. Das Kissen oberhalb der Linie **bd** platzieren.
2. Ecke **a** zu Ecke **c** hin falten und beide Zipfel zu einem Kreuzknoten binden.
3. Dieses Dreieck umdrehen, sodass die Spitze zur Mitte des zweiten Tuches zeigt und auf der Linie **BD** liegt.
4. Ecke **A** zu Ecke **C** hin falten und beide Zipfel zu einem Kreuzknoten binden.
5. **b** und **B** sowie **d** und **D** jeweils zu einem Kreuzknoten binden.

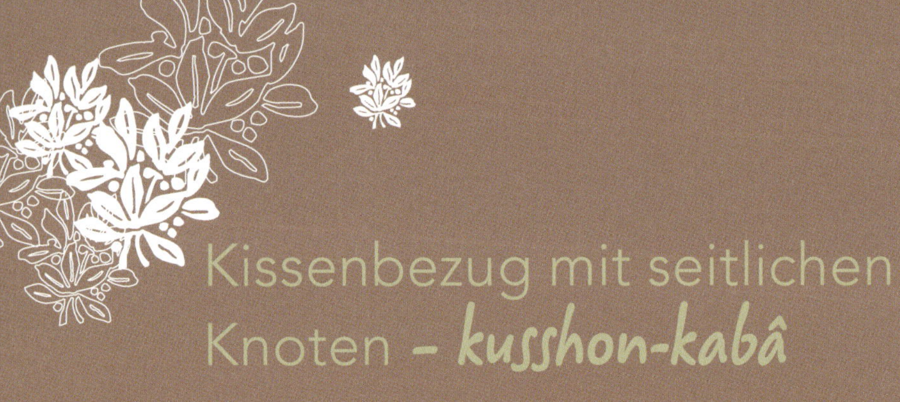

Kissenbezug mit seitlichen Knoten - kusshon-kabâ

Größen

90 cm: für ein Kissen, ca. 40 x 40 x 5 cm groß

Verwendung

Ideal, um einem Kissen eine andere Optik zu verleihen.

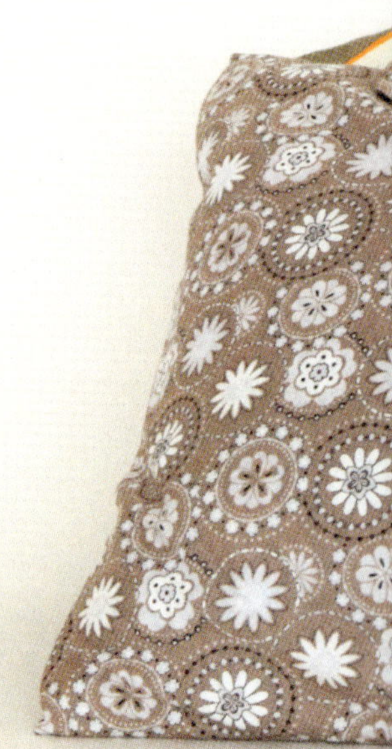

Knoten-Wrap

1. Das Tuch mit der linken Seite nach oben ausbreiten. Das Kissen in der Mitte platzieren.
2. Ecke **a** über das Kissen klappen, danach Ecke **c** darüber.
3. **b** und **d** jeweils zu einem einfachen Knoten binden, sodass das Kissen fixiert wird.

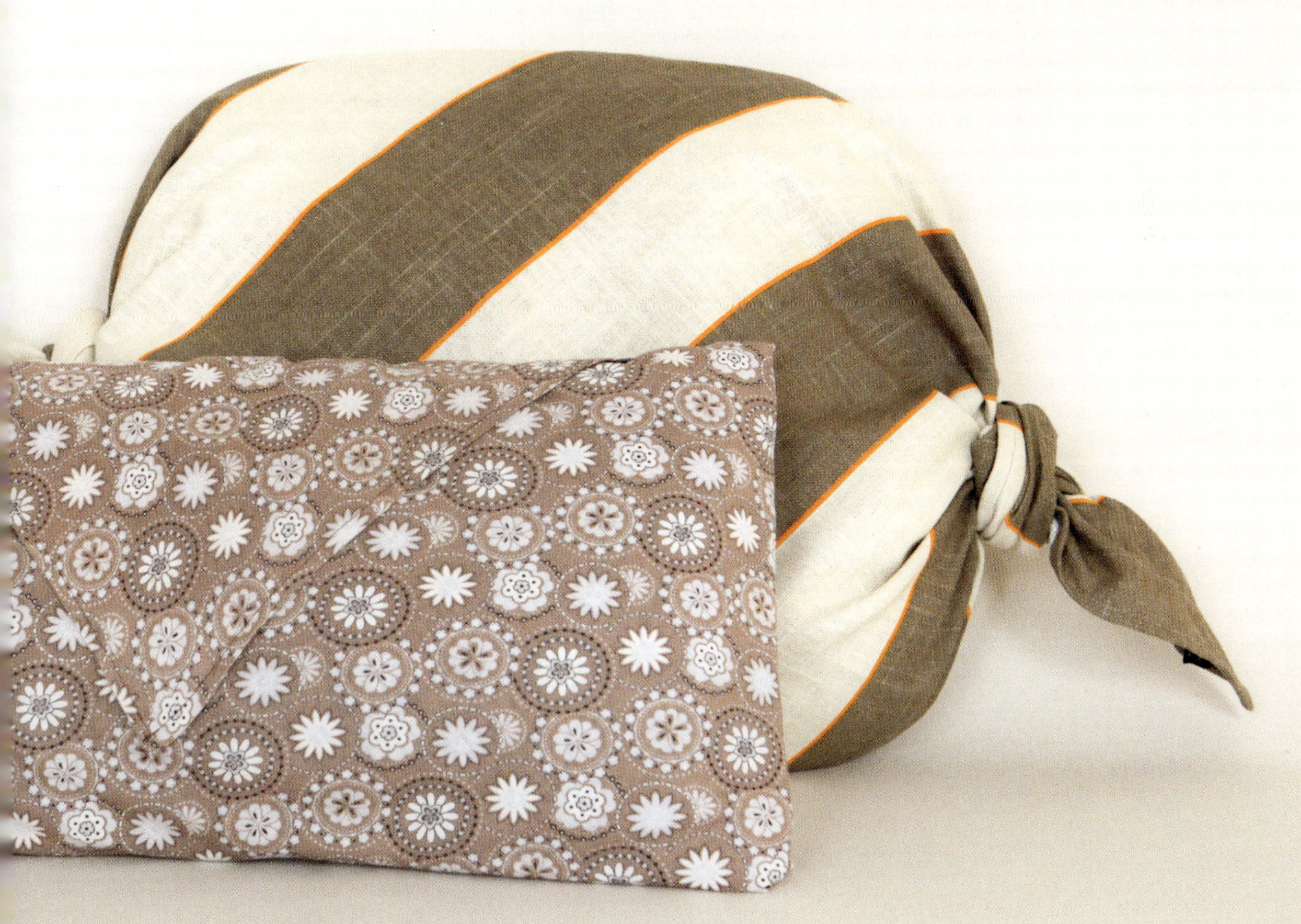

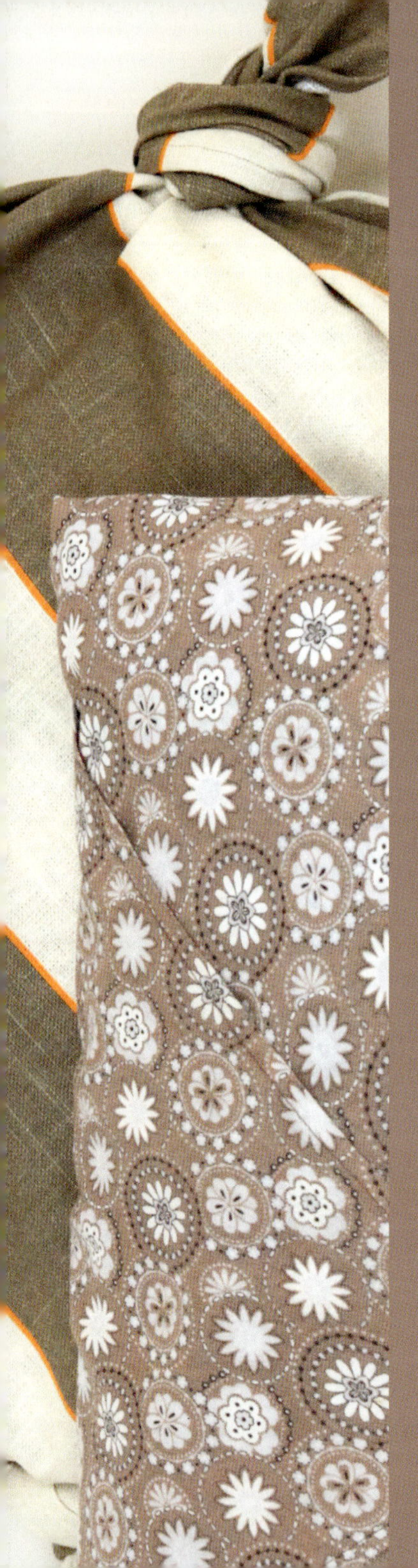

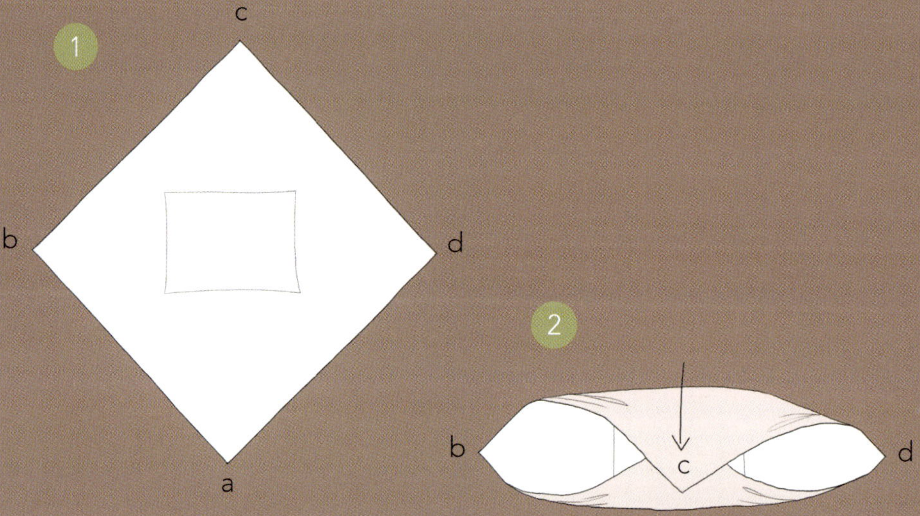
1
c
b
d
a
2
b
c
d

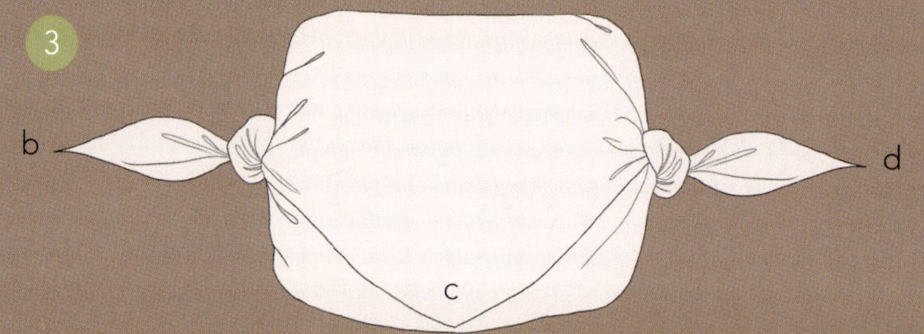
3
b
d
c

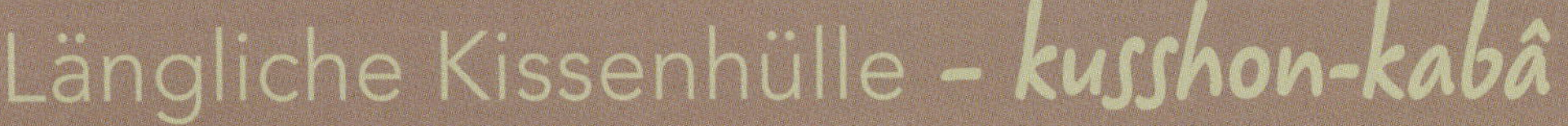

Längliche Kissenhülle - kusshon-kabâ

Größen

90 cm: für ein Kissen, ca. 50 x 25 x 8 cm groß

Verwendung

Mit diesem Wrap lassen sich längliche oder zylindrische Kissen verhüllen.

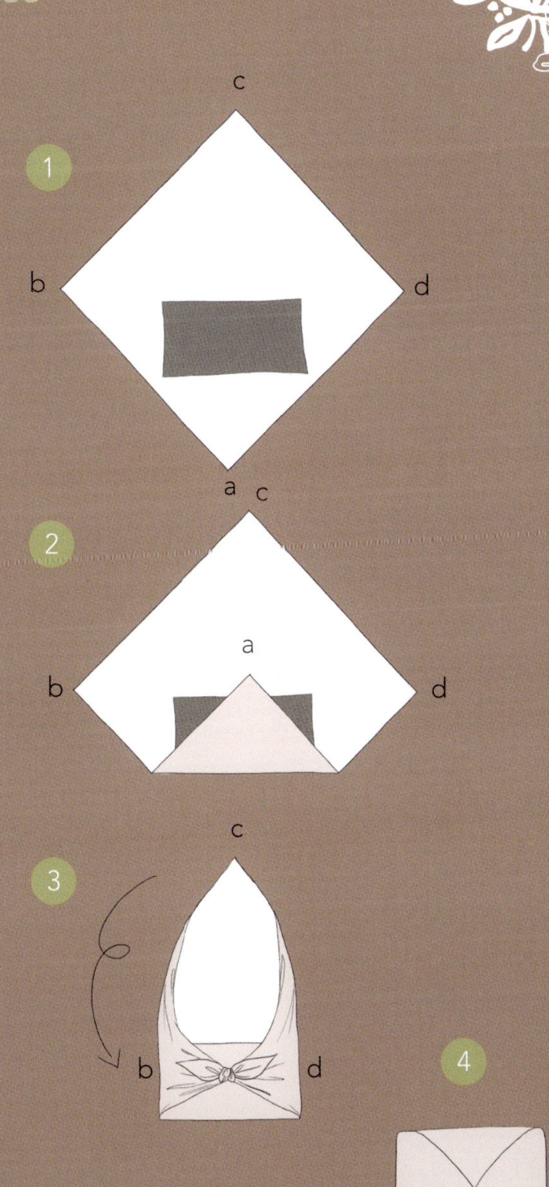

Knoten-Wrap

1. Das Tuch mit der linken Seite nach oben ausbreiten. Das Kissen oberhalb von Ecke **a** platzieren.
2. Ecke **a** über das Kissen klappen.
3. **b** und **d** zu einem Kreuzknoten binden.
4. Ende **c** um das Kissen klappen.

Dank

Das Atelier Furoshiki wurde 2009 von Aurélie Le Marec im Département Loire-Atlantique gegründet und bietet in ganz Frankreich für Museen, Vereine, Unternehmen, Kulturzentren, Schulen etc. Kurse für Anfänger und Fortgeschrittene (an Kinder ab 5 Jahren und Erwachsene). Im Shop gibt es außerdem eine große Auswahl an japanischen Furoshiki und recycelten Tüchern.

L'Atelier du Furoshiki
Pont-Saint-Martin (France)
06 83 71 59 41
www.latelierdufuroshiki.fr
contact@latelierdufuroshiki.fr

Die Autorin dankt insbesondere Justine und Pierre vom Atelier Parades (Rezé) für die schräg getragene Umhängetasche von Seite 21 sowie Makiko, Etsujo, Christelle, Rémy, Olivier und Herrn Kawai für Ihre Hilfe und Unterstützung.

Der Verlag bedankt sich bei allen Modellen für ihre Kooperation und ihren Beitrag zur Realisation dieses Buches.